일본의 선택

일본의 지정학적 구상

채수도

경북대학교 일어일문학과 졸업
일본 주오대학교 법학부 정치학 석사 학위 취득
일본 주오대학교 법학부 정치학 박사 학위 취득
現 경북대학교 일어일문학과 교수

일본의 선택
일본의 지정학적 구상

초판 1쇄 2024년 8월 15일 • **초판 2쇄** 2025년 2월 24일
지은이 채수도 • **펴낸이** 허영우 • **펴낸 곳** 경북대학교출판부
출판등록 1973년 10월 10일 ㉣97호 • **주소** 대구광역시 북구 대학로 80 • **전화** 053-950-3830
팩스 053-953-4692 • **이메일** press@knu.ac.kr • **홈페이지** www.knupress.com
ISBN 978-89-7180-643-2 93340

정가는 뒤표지에 있습니다.
파본은 바꾸어 드립니다.

일본의 선택

일본의 지정학적 구상

채수도 지음

경북대학교출판부

머리말

16세기 중반, 일본은 규슈 남단의 다네가시마(種子島)에 도착한 포르투갈 상선을 통해 처음으로 조총을 접하게 되었다.* 당시 영주나 지방 유력자 대부분은 조총의 실용성과 가능성을 무시한 채 창과 칼, 그리고 활 등의 재래식 무기를 고집하였지만, 나고야(名古屋) 지역의 영주 오다 노부나가(織田信長)는 조총을 선택하였다. 결국 조총은 오다 노부나가가 전국 시대(戰國時代)의 주도권을 장악하는 결정적인 무기가 되었다. 이후 오다의 계승자인 도요토미 히데요시(豊臣秀吉)는 '한반도 침략'이라는 잘못된 선택으로 가문의 몰락을 초래하였지만, 반대로 도쿠가와 이에야스(德川家康)는 주변 국가와의 '공존과 거리 두기', 즉 대륙 진출이 아닌 해상을 통한 동남아 무역을 선택함으로써 260년간 일본 열도를 통치할 수 있었다.

19세기 일본은 서구의 합리적이고 과학적인 사상을 선택함으로써 아시아에서 유일하게 근대국가로 나아갈 수 있게 되었으며,

---

* 조총 제작(복제)에 참여한 도검 장인 야이타 긴베(八板金兵衛)는 당시 나사 기술을 배우기 위해 자신의 딸을 포르투갈인에게 시집보냈다고 알려져 있다. 결국 나사 기술을 습득한 야이타는 조총을 분해하고 이를 역설계하여 1년 만에 국산화에 성공시켰다.[코스믹출판(야베 겐타로 감수, 전경아 역), 『일본 전국시대 130년 지정학』, 이다미디어, 2023년, p. 3]

1895년 청일전쟁을 통해 조선을 중국에서 분리함으로써 기존의 동아시아 질서, 즉 중화 질서를 해체하고자 하였다.** 물론 일본이 근대국가로 성장하는 과정에서 제국주의 강풍에 편승해 주변 국가에 고통과 슬픔을 안겨 주었다는 역사적 사실은 분명하다. 하지만 1945년 이후 지금까지 일본은, 때때로 일부 '자주파 정치가'(친중파: 필자) 등이 패권국가인 미국을 배제하고 미국 질서에 도전하는 중국과의 제휴 및 연계를 시도한 적은 있지만, 대체로 미국질서론을 선택하였다. 반면 과거 튀르키예(터키)는 패권국가에 도전하는 주변 국가와의 제휴 및 동맹을 선택함으로써 국가적 운명을 달리하였다.

요컨대 역사 속에서 일본은 세계 질서를 주도하고 보편적 가치를 서로 공감·공유하는 패권국가와 함께할 때 가장 부강하고 안정적인 국가 체제를 이룩하고 국익을 확보하였다. 이러한 역사적 교훈에 의하면, 향후에도 일본의 선택은 패권국가에 도전하는 중국이 아니라, 세계 패권국가와의 공조 체제를 더욱 강화하는 미국 중심 외교 노선에 적극적으로 합류하는 것이라고 예상할 수 있다.

우리는 매순간 선택의 기로에 선다. 우리 스스로 누군가를 또

** 2017년 4월 시진핑 중국 국가주석은 도널드 트럼프 미국 대통령과의 만남에서 "한국이 중국의 일부였다."라고 주장하였다. 이것은 과거 한반도는 자주적이고 절대적인 주권을 지니지 않았음을 강조한 것으로, 중국의 세계관은 물론 시진핑 개인의 역사관을 이해할 수 있는 부분이기도 하다. 시진핑은 한국이 중국을 배제하고 미국과 독자적으로 외교 교섭을 하는 일은 있어서는 안 된다고 강조하고 싶었던 것 같다. 현시점에서 이 발언은 중국이 중화(中華)적 세계관에 함몰되어 있다는 증거에 지나지 않는다. 그러나 시간이 지날수록 '한국이 역사적으로 중국의 일부'라는 주장이 과거형이 아닌, 현재진행형이 될지도 모른다는 점을 직시할 필요가 있다. 무엇보다 한반도 5000년 역사를 되돌아볼 때 선택권이 없었던 민초(民草)의 삶이 어떠했는지, 그리고 지도자의 잘못된 선택이 그들에게 어떤 고통을 안겨 주었는지를 되새겨볼 필요가 있다.

는 무언가를 선택하기도 하고, 때로는 누군가에게 선택받기도 한다. 돌이켜보면 필자 자신도 순간적이고 감정적인 선택으로 일을 그르친 적이 많지만, 주변의 조언과 가르침, 그리고 자기 자신의 경험적 지식을 따를 때는 대체로 만족스러운 결과를 얻곤 했다. 스스로 선택하는 것이 아니라 누군가에게 선택받음으로써 삶에 희망과 행복이 넘쳤던 추억들도 간직하고 있다. 특히 나를 선택해 주신 어머니(서순조: 달성 현풍), 그리고 미흡하고 부족한 저를 선택해 주신 쓰가와라 모리쿠니(菅原彬州: 中央大学) 지도교수님과 학문적으로 많은 도움을 주신 긴바라 사몬(金原左門: 中央大学) 교수님, 그리고 다카하라 이즈미(高原泉) 선생님을 비롯하여 저를 선택해 주신 모든 분들께 이 지면을 통하여 말할 수 없는 감사의 말씀을 드리고 싶다. 끝으로 이 책이 출간되기까지 전문적인 조언과 감수를 해 주신 국제정치학자 김경일 교수님께 진심으로 감사드린다.

2024년 7월

채수도

차 례

서론

일본의 제국주의에 대한 비판적 연구는 국내외적으로 비교적 활발하게 전개되어 왔다. 그러나 기존의 연구 대부분은 사적 고찰 위주였으며 당대 일본 대외 정책의 이론적 배경에 대해서도 충분한 분석이 이루어졌다고 보기 어렵다. 특히 근대 일본의 팽창 노선과 밀접한 연관성을 가진 지정학(地政學, Geopolitics)적 구상에 대한 연구는 아직 많이 부족하다. 지정학은 한 나라를 둘러싼 지리적 환경을 유기적으로 고찰함으로써 그 나라의 행태와 국제관계의 특성을 파악하고 그 이론적 근거를 제시하는 학문 영역이다. 따라서 독일지정학을 토대로 정립된 근대 일본의 지정학은 일본제국주의의 속성과 동시대 동아시아 국제 정세를 심층적으로 이해할 수 있는 핵심적인 분석 틀이라고 할 수 있다.

메이지(明治) 시대 일본의 국시(國是)는 국내 정치의 안정과 대륙 진출에 그 주안점을 두었다. 당시 대표적인 정한론(征韓論)자로 알려진 소에지마 다네오미(副島種臣)는 일본의 대외 정책이 북방으로 향해야 한다고 주장하면서 조선과 중국으로의 진출을 강조하였다. 소에지마는 일본이 바다로 둘러싸인 섬나라이며 이러한 자연적 조건으로 인해 해양으로부터의 위협에 취약하다고 지적하면서, 군사적으로 볼 때 해양 세력인 일본은 수비에는 불리하지만 공격에는 유리하다고 평가하였다. 이러한 인식을 바탕으로 소에지마는 "일본이 바다를 자연적인 방어막으로 생각하고 거기에 안주한다면, 국방상의 위험에서 영구히 벗어날 수 없다. 어떤 수단과 방법을 동원해서라도 대륙에 영토를 확보하여야만 한다. 만약 일본이 대륙에 영토를 확보하고자 한다면 지리적인 관계를 고려할 때 최우선적으로 조선을 굴복시키지 않으면 안 된다. 그러나 중국이 이미 종주국으로서 조선을 지배하고 있고 결코 조선을 포기하지 않을 것이다. 따라서 일본이 조선을 영유하려 한다면 중국과의 무력충돌은 불가피하다."[1]라고 주장하였다. 요컨대 일본의 생존과 번영을 위해 조선을 반드시 일본 영토에 편입하여야 한다는 논리이다. 근대 일본지정학의 형성과 전개에 지대한 영향을 미친 칼 하우스호퍼(Karl Haushofer)도 소에지마와 유사한 주장을 하였다. 그는 "내가 1909년에 조선의 현실을 직시한바, 조선은 일본이나 중국, 러시아 등 타국의 후견을 받아야 하는 처지로 보였다. 같은 시기의 만주와 달리 조선은 자립하지 못할 것 같았다."[2]라고 지적하면서 조선은 일

1 黒龍会編,『東亜先覚志士記伝』, 原書房, 1997年, pp. 88-89.
2 이진일,「'생존공간'(Lebensraum)과 '大東亜共栄圏' 담론의 상호전이—칼 하우스호퍼의 지정학적 일본관을 중심으로」,『독일연구(29)』, 한국독일사학회, 2015년, p. 220.

본의 영향력 아래 있어야 한다고 주장하였다.

소에지마의 주장은 독일지정학이 본격적으로 일본에 전파되기 이전에 제기된 것이다. 당시 일본 정치가와 지식인들도 그와 다르지 않았다. 이들은 해양을 의미하는 남방보다는 대륙을 의미하는 북방에 주목했다. 대표적인 북방론자라고 할 수 있는 야마가타 아리토모(山県有朋)는 1890년 일본 의회 연설에서 "국가의 독립을 유지하고 국력을 신장하는 것은 국민적 과제"[3]라고 지적하면서, 주권선(主權線)과 이익선(利益線)을 확보하지 않으면 안 된다고 주장하였다. 일본 본토라는 주권선을 안전하게 지키기 위해서는 조선을 일본의 이익선으로 확보해야만 한다는 것이다. 이러한 논리는 조선을 둘러싼 국제 정세가 일본에 불리한 결과를 초래할 것이라는 정책적 판단이 크게 작용한 결과다. 당시 조선은 청나라의 영향력이 강하게 미치고 있는 가운데 러시아라는 새로운 세력이 침투하는 상황이었다. 당대 러시아의 남하 정책에서 조선은 전략적 핵심지역이었다.

청일전쟁과 러일전쟁에서 승리하면서 사실상 조선을 자국의 영토로 만든 일본은 이후 주권선을 조선까지 확장하고, 이를 지키기 위해 만주를 비롯한 다른 지역을 새로운 이익선으로 설정하였다. 물론 일본의 이러한 자국 중심적 팽창 논리가 근대에만 표출되었던 것은 아니다. 아직 봉건 체제하였던 에

---

3 岡義武, 『山県有朋』, 岩波新書, 1968年, p. 50.

도 막부(江戶幕府) 시대에도 사상가 사토 노부히로(佐藤信淵)는 저서 『혼동비책(混同秘策)』(1818년)을 통해 "황국인 일본은 지구상 최초로 성립된 국가이며 세계 만국의 중심이다. 만주를 비롯한 중국 대륙은 천황제 국가인 일본에 복속되어야 한다."[4] 라고 주장한 바 있다. 이러한 사토의 주장 역시 일본의 대외관이 남방보다는 북방에 무게를 두고 있었음을 입증한다. 그리고 이러한 논리는 근대에 들어와 독일의 지정학과 결합하면서 보다 구체적이고 정교한 이론 체계를 구축하였다.

근대 이후 국가 전략 내지 정책 차원에서 일본의 북방 진출을 독려하고 촉진한 결정적 계기는 하우스호퍼가 제시한 대륙형 지정학의 일본적 수용이라고 할 수 있다. 『태평양지정학(太平洋地政學, Geopolitik des Pazifischen Ozeans)』(1924년)에서 일본을 섬나라인 해양국가로 규정한 그는 일본이 국가 발전을 이루기 위해서는 남방이 아닌 북방, 즉 대륙으로 나아갈 수밖에 없다고 주장하였다. 이러한 하우스호퍼의 논리는 근대 일본 지정학의 형성과 전개에 커다란 영향을 미쳤을 뿐 아니라, 일본의 대외 정책 방향을 '영토의 확장'이라는 팽창주의 정책으로 견인하는 원동력으로 작용하였다. 당시 일본의 정계·학계 인사 대부분은 북방, 즉 대륙으로의 영토적 팽창이 자국의 국력을 극대화하는 최적의 방안이라고 믿었고, 조선은 이를 위해 꼭 필요한 지역이라는 인식을 갖고 있었다.

---

4 채수도, 「대동아공영권 구상과 지정학적 사고」, 『일본문화연구(48)』, 동아시아일본학회, 2013年, p. 420.

본서에서는 이처럼 근대 일본의 제국주의 체제 형성과 불가분의 관계를 맺고 있는 일본지정학을 체계적으로 고찰하고자 한다. 우선 일본지정학의 원형인 하우스호퍼의 지정학을 이론적으로 분석하고, 이를 바탕으로 근대 일본지정학의 본류라고 할 수 있는 이른바 '교토(京都)학파'의 고마키 사네시게(小牧実繁)와 '도쿄(東京)학파'(일본지정학협회)의 이모토 노부유키(飯本信之)의 지정학적 논리를 살펴보고자 한다. 특히 '일본지정학협회(日本地政學協會)' 설립에 중추적인 역할을 한 이모토의 지정학적 논리는 일본지정학의 출발점으로서, 일본의 북방 진출에 지대한 영향을 끼쳤다. 근대 일본지정학이 국제법학자인 후지사와 지카오(藤沢親雄)로부터 유래되었다고 알려져 있지만, 실제로는 지리학자인 이모토에 의해 시작되었다는 사토 다케시(佐藤健)의 주장이 이를 잘 드러낸다.[5] 고마키 역시 이모토가 일본의 만주와 몽골 그리고 북중국 지역에 대한 진출을 강조하고 그 중요성을 지적하였다는 점에서 북방으로의 팽창 정책에 심대한 영향을 미쳤다고 평가한 바 있다.[6] 한편 사토는 고마키를 중심으로 한 교토학파의 근본적인 목표가 일본지정학의 건설과 황도사상(皇道思想)의 전파 및 보급이었다고 언급한 바 있다.[7] 따라서 이러한 근대 일본지정학

---

5 佐藤健,「日本における地政学思想の展開: 戦前地政学に見る萌芽と危険性」,『北大法学研究科ジュニア·リサー チジャーナル(11)』, 北海道大学大学院法学研究科, 2005年, p. 111.

6 小牧実繁,『大東亜地政学新論』, 星野書店, 1943年, p. 53.

7 앞의 논문, 佐藤健,「日本における地政学思想の展開: 戦前地政学に見る萌芽と危険性」, p. 113.

에 대한 분석을 통하여 그 형성 과정과 본질적 의미를 파악할 때, 일본제국주의의 대외 팽창 정책에 내포된 왜곡된 지정학적 논리를 규명해 낼 수 있을 것이다. 본서에서는 이와 함께 독일지정학의 일본적 변용이라는 측면도 필연적으로 다루게 될 것이며, 무엇보다도 근대 일본지정학의 최종 지향점이 어디에 있었는가에 대한 이론적 분석을 시도하고 추론의 결과를 제시할 것이다.

필자는 근대 일본의 지정학적 논리와 사고에 대한 고찰을 토대로 21세기 일본지정학의 새로운 이정표를 제시하고자 한다. 예컨대 향후 일본의 지정학적 인식의 방향은 북방 대륙이 아닌 남방 해양을 향해야 할 것이다. 이를 위해서는 우선 중국에 대한 일본의 기존 인식을 극복해야 한다. 그 핵심은 정치, 경제, 안보 측면에서 중국과 일정한 거리를 유지하는 것이다. 지금까지 일본 경제의 발전에 중국 시장이 기여한 바가 적지 않다. 하지만 최근에는 그 정도가 우려할 만한 수준에 이르고 있으며 이미 중국 의존적인 경제구조를 형성하고 있다. 이는 일본에 부정적인 영향을 미쳐 지정학적으로도 불리한 상황을 야기할 것이다. 현대 일본에는 기존의 지정학적 인식에서 탈피한 새로운 구상이 필요하다. 이는 미국과의 동맹 속에서 한국과 협력을 강화하고, 동아시아 지역 국가들과의 연대를 통하여 중국의 위협에 대처하는 것으로 요약될 수 있다.

본서는 과거 일본의 북방 대륙 정책의 근거인 대륙형 지정학을 재검토함과 동시에, 해양국가로서 남방 진출을 지향케 하는 새로운 지정학적 논리와 방향을 제시하는 데 많은 지면을 할애하였다. 이에 따라 본서는 구미(歐美)의 지정학적 사고에서부터 시작하여 일본지정학의 논리 성립 과정, 일본지정학의 지역통합 논리와 정책적 구상, 그리고 전후 일본의 지정학적 모색을 중심으로 총 5장으로 구성하였다.

제1장에서는 구미(歐美) 지정학의 개념과 논리를 포함하여 해양지정학과 대륙지정학 전반을 다루었다. 제2장에서는 근대 일본의 제국주의 체제 구축과 불가분의 관계를 맺고 있는 대륙지정학의 핵심 이론가 칼 하우스호퍼와 고마키 사네시게(小牧実繁), 이모토 노부유키(飯本信之)를 중심으로 근대 일본의 지정학적 논리 성립에 대해 검토하였다. 지정학이라는 용어를 최초로 사용한 사람은 스웨덴의 정치학자 요한 루돌프 셸렌(Johan Rudolf Kjellén)인데, 그는 1916년 '국가이론 5체계' 중 하나인 '유기체로서의 국가 영역'의 중요성을 주장하기 위해 이 용어를 처음 사용하였다. 이후 히틀러의 정치고문이기도 했던 독일의 칼 하우스호퍼(Karl Haushofer)가 이를 좀 더 체계화했다. 군인이자 지정학자였던 하우스호퍼는 생활권(生活圈, Lebensraum)이라는 개념을 이용해 지정학 이론을 발전시켰는데, 1924년 출간된 그의 저서 『태평양지정학』은 근대 일본의 지정학적 사고의 형성과 발전에 결정적인 영향을 미친 것으로 알려져 있다. 따라서 이 장에서는 우선 하우스호퍼의 지정학에 대한 이론적 분석을 선행하고, 이를 바탕으로 '교토(京都)학파' 고마키 사네시게와 '도쿄(東京)학파' 이모토 노부유키의

지정학적 논리를 분석하고자 한다.

제3장 '지정학적 지역통합 논리'에서는 지역블록화와 국방권역 체제를 고찰하였다. 하우스호퍼는 국가 간의 생존경쟁은 지구상의 생활공간을 확보하는 경쟁이며, 국가가 생존과 발전을 이루기 위해서는 자원이 필요하다는 프리드리히 라첼(Friedrich Ratzel)과 쉘렌의 주장을 받아들였다. 그의 대륙블록 구상을 바탕으로 대동아공영권의 핵심인 지역블록화와 국방권역 체제에 대해 분석해 보았다. 오늘날 세계 경제블록화와 지역주의 확산 현상에 편승하여 지정학에 대한 연구는 비교적 활발하게 이루어지고 있으나, 근대 일본의 지정학적 사고 속에서 전개된 대동아공영권과 관련해서는 지역블록화와 국방권역 체제 연구가 거의 이루어지지 않은 것이 사실이다.

제4장 '지정학적 정책 구상'에서는 동아신질서론과 동아연맹론, 그리고 동아협동체론을 분석하였다. 이들 논리가 만주사변과 일중전쟁 과정에서 일본이 야기한 사건들을 은폐하고 미화하기 위하여 제시된 강변임을 밝힘과 동시에, 이것이 일본지정학의 논리와 사고의 결정체라 할 수 있는 대동아공영권 구상과 연계되어 있음을 규명하였다.

제5장 '전후 일본의 지정학적 모색'에서는 해양국가인 일본의 지정학적 지향점을 모색하였다. 일본은 섬나라이지만 고립되어 있지 않다. 한반도와 태평양 도서 지역에 인접한 해양국가로서 대륙과 해양 양방향으로 통할 수 있는 입지를 지니고 있다. 이러한 지정학적 입지로 인하여 일본은 대륙 세력

과 해양 세력의 완충지대 역할을 할 수 있다. 해양 세력의 일원으로서 대륙 세력을 견제할 수 있다는 의미다. 하지만 과거 일본은 대륙지향적인 국가 전략을 선택하였고 대동아공영권 구축이라는 지역 패권 확보에 몰두하였다.[8]

근대 일본은 해양국가로서의 명확한 노선을 제시하지 못한 채 대륙국가의 야심을 품었지만, 그 결과는 만족스럽지 못했다. 따라서 본서에서는 과거 일본 대륙지정학의 실상과 과오를 재검토하고 21세기 일본지정학의 논리와 방향을 제시한다. 필자는 일본의 지정학적 구상을 고찰함으로써 과거 일본의 침략적 아시아 진출의 허상을 규명하고, 이를 오늘날의 교훈으로 삼음은 물론, 진정한 지역적 연대와 협력의 방안을 제시하고자 한다. 본서가 일본제국주의의 실체를 이해하고 지정학적 사고의 의미를 파악하는 데 조금이라도 도움이 되길 바라며, 일본의 대외 정책이 한일 양국의 이익에 부합하는 방향으로 나아가기를 기대한다.

---

8 秋元千明,『戦略の地政学』, ウェッジ, 2021年, p. 168.

제1장

구미(歐美)의 지정학적 사고

제1장

구미(歐美)의 지정학적 사고

지정학의 기원이나 창시자에 대해서는 여러 주장이 있다. 독일의 철학자 칸트(Immanuel Kant)는 일찍이 지리적 위치와 국제정치의 관계를 논한 바 있고, 라첼(Friedrich Ratzel)은 '생활공간(Lebensraum)'이라는 개념을 제시한 바 있다.[1] 하지만 '지정학(Geopolitik)'이라는 용어를 처음 사용한 사람은 쉘렌(Johan Rudolf Kjellén)이다. 그의 정의에 따르면 지정학은 '한 국가를 둘러싼 지리적 환경이 국가 전략과 국제정치에 미치는 영향을 거시적인 관점에서 연구하는 학문'이다. 19세기 이후 지정학은 해양 중심 관점과 대륙 중심 관점으로 나뉘어 전개되었다.[2] 1920년대 독일에서는 다양한 지정학 관련 문헌들이 출간되면서 연구가 본격화되었는데, 이 중 하우스호퍼와 같은 몇몇 학자들은 나치의 정치적 목적에 지정학적 논리들을

1 平間洋一,「海洋権益と外交·軍事戦略」,『国際安全保障』第35巻第1号, 日本評論新社, 2007年, p. 3.

2 필립 모로 드파르쥐(이대희·최연구 역),『지정학 입문-공간과 권력의 정치학』, 새물결, 1997년, pp. 45-46.

악용하기도 하였다. 지정학을 연구한 대표적인 인물로는 앨프리드 머핸(Alfred Mahan), 핼퍼드 매킨더(Halford Mackinder), 칼 하우스호퍼(Karl Haushofer), 니컬러스 스파이크먼(Nicholas Spykman) 등이 있다.[3]

머핸은 바다와 육지의 관계를 통하여 해양의 지정학적 중요성을 강조한 인물이다. 그의 저서 『해양 세력이 역사에 미친 영향(The Influence of Sea Power upon History)』(1890년)은 미국의 해양 세력화와 팽창 정책 추진에 이론적 토대를 제공하였다. 머핸은 해양 세력이 대륙 세력보다 더 많은 진출로를 더 쉽게 확보할 수 있고, 운송 측면에서도 해로가 육로보다 더 안전하며, 무엇보다도 해양국가는 바다에 의해 보호받기 때문에 대륙국가보다 강대국 지위를 확보하고 팽창시킬 수 있는 잠재력이 더 많다고 주장하였다.[4] 특히 그는 해군과 육군이 맞설 때 해상 봉쇄가 승패에 결정적인 요인으로 작용한다고 보고, 지구의 4분의 3을 덮고 있는 바다를 순항할 수 있는 거대한 해군의 전략적 우월성을 주창하였다.

머핸의 해양세력론은 해양국가인 미국, 영국, 일본은 물론 대륙국가인 러시아와 독일까지 영향을 미쳐 1890년대에는 국제적인 해군력 증강 경쟁으로 이어졌다. 이는 결국 제국주의적 팽창의 촉매제 역할을 하여 제1차 세계대전을 야기하는

3 콜린 플린트(한국지정학연구회 역), 『지정학이란 무엇인가』, 도서출판 길, 2006년, pp. 44–52.

4 閔丙天, 『韓國防衛論』, 高麗苑, 1983年, p. 121.

요인으로 작용하였다. 결과적으로 머핸의 이론을 충실히 따른 미국과 영국은 세계를 제패한 강대국이 되었다. 머핸의 저서는 일본에도 소개되어, 1896년 정치단체로 유명한 동방협회(東邦協会)[5]가 『해상권력사론(海上權力史論)』이라는 제목으로 번역 출간한 바 있다. 일본은 "강력한 해군을 보유한 국가가 세계적으로 더 강력한 영향력을 행사할 수 있다."라는 머핸의 주장에 주목하였고, 해양력의 중요성에 대한 그의 지정학적 논리는 일본의 해군력 확장에 지대한 영향을 미쳤다. 일본에서도 머핸의 이론은 해양국가의 지정학적 특성에 입각한 해양지정학에 많은 관심을 불러일으키는 계기를 제공하였다.[6] 당시 일본은 머핸의 저서를 해군 및 군사학교의 교과서로 채택하였는데, 러일전쟁 당시 쓰시마해전에서 러시아 함대를 격파하는 데 이 책이 크게 기여한 것으로 알려져 있다.

영국의 지정학자 매킨더[7]는 강대국 간 세력 투쟁의 결정적

---

5 동방협회(東邦協会)는 1891년 7월에 창립된 아시아·태평양 지역 연구 단체로 처음에는 남진론자, 아시아주의자, 무역입국론자가 혼재했지만 점차 아시아주의·국수주의계 단체로서의 성격을 강화했다. 예컨대, 이 단체 및 회원들은 일본의 대표적인 우익단체인 흑룡회나 동아동문회 등에 참여하면서 일본의 대외 정책에 많은 영향을 미쳤다고 알려져 있다.(채수도, 『동아동문회: 일본제국주의의 첨병』, 경북대학교출판부, 2011년, pp. 240-255 참조)

6 이춘근, 「해양안보 측면에서 평가한 제주 남방해역의 중요성」, 2013년 2월 7일 해양안보학술회의 발표. 특히 루스벨트 대통령은 머핸의 해양지정학에 입각해 파나마 운하를 건설하였으며, 독일 제국의 빌헬름 2세도 머핸의 이론에 따라 해군력을 영국에 맞설 수 있을 만큼 강화하였다고 알려져 있다.

7 매킨더는 영국 옥스퍼드대학교에서 생물학을 전공하였다. 지질학, 역사, 법학 등 다양한 분야에 관심을 가졌던 그는 변호사로 활동하다가 1899년에 옥스퍼드대학교가 지리학원(地理學院)을 개설하자 초대 원장으로 영입되었다. 그리고 1904년에 런던대학교에 신설된 정치경제학원(the Economics and Political Science) 원장으로 취임하여 경제지리 강의를 계속하였다. 그는 심장지대론을

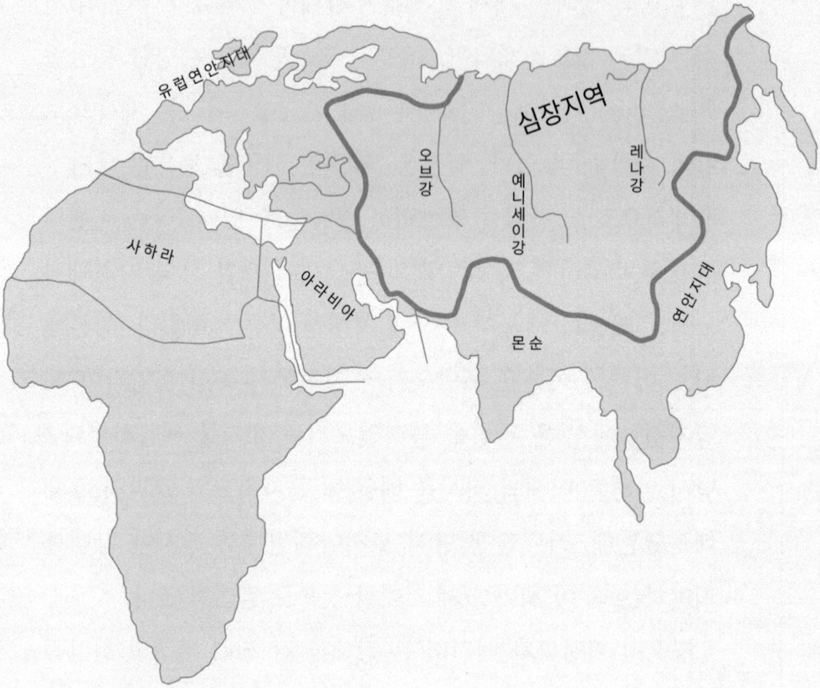

그림 1 매킨더의 심장지역(Heartland)
출처: 핼퍼드 J. 매킨더(염동용 역), 『심장지역론』, 도서출판 동우, 1998년, pp. 92-93을 참고하여 재구성.

인 요소에 대한 분석을 주요 내용으로 하는 『민주주의의 이상과 현실(Democratic Ideals and Reality)』(1919년)을 저술하였다. 여기에서 매킨더는 '세계도(World Island)' 개념을 바탕으로 해양 세력의 영역이 대륙 세력의 공격에 취약함을 지적하고 상대적으로 유라시아 내륙의 지정학적 중요성을 강조하였다. 그는 이 지역이 대륙 세력 형성의 중심이자 역사의 동인을 제공하는 추축(樞軸) 지역이라는 논리를 전개하였는데, 1904년에는 이를 이론적으로 정리하여 심장지역(Heartland)을 장악하는 국가가 세계도를 통제하고 나아가 세계를 지배할 수 있다는 이른바 심장지역론(Heartland Theory)을 제시하였다. 그가 설정한 심장지역은 시베리아에서 북극해로 흐르는 3개의 강, 즉 오브강, 예니세이강, 레나강에 걸친 지역이다. 당시에는 공군력이 부재했으므로, 대륙 세력은 해양 세력이 침투할 수 없는 이 지역을 상대적으로 안정적으로 점유할 수 있었다.[8] 결과적으로 내륙 지역의 폐쇄성에 기초한 매킨더의 심장지역론은 대륙 세력에 대한 해양 세력의 견제, 즉 러시아에 대한 영국의 봉쇄 전략(Containment Strategy) 수립에 이론적 토대를 제공하였지만, 철도와 도로가 발달하고 산업화와 도시화가 빠르

주창하였으며, 유라시아를 기점으로 한 국제관계의 역학을 지리적으로 분석하였다. 그 스스로 자신의 이론이 지정학이라고 주장한 적은 없지만, 오늘날 지정학의 학문 체계는 대부분 매킨더의 이론을 단초로 한다. 이 점에서 매킨더를 현대 지정학의 창시자 중 한 사람으로 본다.(김원수, 「핼퍼드 J. 맥킨더와 영국외교정책의 지정학」, 『사회과교육』 제53권 1호, 한국사회과교육연구학회, 2014년 3월, p. 132 재인용)

8 曽村保信, 『地政学入門』, 中公親書, 2017年, pp. 29–33.

그림 2 스파이크먼의 주변지역(Rimland)
출처: 曽村保信,『地政学入門』, 中央公論新社, 2017年, p.175를 참고하여 재구성.

게 진행됨에 따라 실제성 면에서 한계를 드러내었다.

미국의 지정학자인 스파이크먼은 심장지역론이 더 이상 국제정치의 현실을 반영하지 못한다고 비판하면서 주변지역(Rimland)[9]을 장악하는 국가가 세계도를 통제하고 나아가 세계의 운명을 좌우한다는 주변지역론(Rimland Theory)을 제시하였다.[10] 그는 심장지역을 둘러싼 주변지역의 중요성을 강조하면서 소련을 비롯한 모든 국가의 팽창과 침략을 견제할 수 있는 가장 중요한 전략적 요충지는 주변지역이라고 주장하였다.[11] 그는 미국과 같은 해양 세력이 주변지역의 여러 국가와 연대하여 대륙 연안의 해양을 지배하고 도서(島嶼) 지역에 군사기지를 구축한다면 심장지역을 충분히 봉쇄할 수 있다고 보았다. 스파이크먼의 주변지역론은 냉전 시기 소련에 대한 미국의 봉쇄 정책(Containment Policy) 추진에 이론적 토대를 제공하였으며, 결과적으로 소련을 붕괴시키는 대전략으로 기능하였다. 실제로 소비에트연방이 해체될 무렵 중국을 비롯한 주변지역 국가 대부분은 미국과의 관계를 개선하여 협력적인 태도를 보이고 있었다.

---

9 유라시아 심장부의 주변지역(Rimland, 외연지역)은 오늘날의 서부 유럽에서부터 중동(中東), 동남아시아에 이르는 유라시아의 연안지대(沿岸地帶)를 가리킨다. 이 지역은 심장지역을 보호하는 초승달 모양의 지형으로 이루어져 있다. 구체적인 국가로는 이라크, 시리아, 레바논, 이스라엘, 팔레스타인, 이집트, 튀르키예 동남부, 요르단 서북부, 이란 서남부 등을 들 수 있다.

10 平間洋一,「海洋権益と外交·軍事戦略」,『国際安全保障』第35巻第1号, 日本評論新社, 2007年, pp. 5-6.

11 庄司潤一郎,「地政学とは何か-地政学再考-」, 防衛相防衛研究所ブリーフィング·メモ, 2004年3月, p. 2.

한편 21세기 중국과 치열한 패권 경쟁을 펼치고 있는 미국의 대중국 정책에도 스파이크먼의 주변지역론을 적용해 볼 수 있다. 양쯔강과 황허강 사이에 자리한 화중(華中) 지역을 아시아의 심장지역으로 전제하고, 현재 이 지역을 차지한 중국을 과거 러시아 혹은 소련과 비교해 보자. 스파이크먼의 논리에 따르면 화중 지역을 장악하는 세력이 중국을 지배하고 나아가 중국의 주변 국가들을 통제할 수 있다는 추론이 가능하다. 이러한 지정학적 논리는 역사적인 중화세계적 질서 개념에 내재되어 있으며 현대 중국의 대외 정책에도 투영되어 있다. 실제로 현재 미국이 추진하고 있는 대중국 봉쇄 전략도 일본 본토, 난세이 제도, 대만, 필리핀, 인도차이나 반도 등 중국의 주변지역을 미국의 영향권 아래 두려는 방향으로 전개되고 있다.

지난 세기 지정학은 국제사회에 지대한 영향을 미쳤으며 그 영향력은 현재까지도 유효하다. 소련의 붕괴와 냉전의 종식을 자유민주주의와 자본주의 체제의 승리로 평가하지만, 지정학적으로 볼 때는 해양 세력의 완전한 승리라고 보기 어렵다. 이는 정치경제적 권위주의에 기초한 러시아와 중국이 여전히 위협적인 대륙 세력으로 존재하고 있기 때문이다. 러시아는 중앙아시아와 중동으로의 영향력을 확대하려는 움직임을 지속하고 있으며 급기야 2022년 2월 우크라이나를 침공하였다. 중국은 〈그림 3〉과 같이 도련선(島鏈線)과 일대일로(一帶

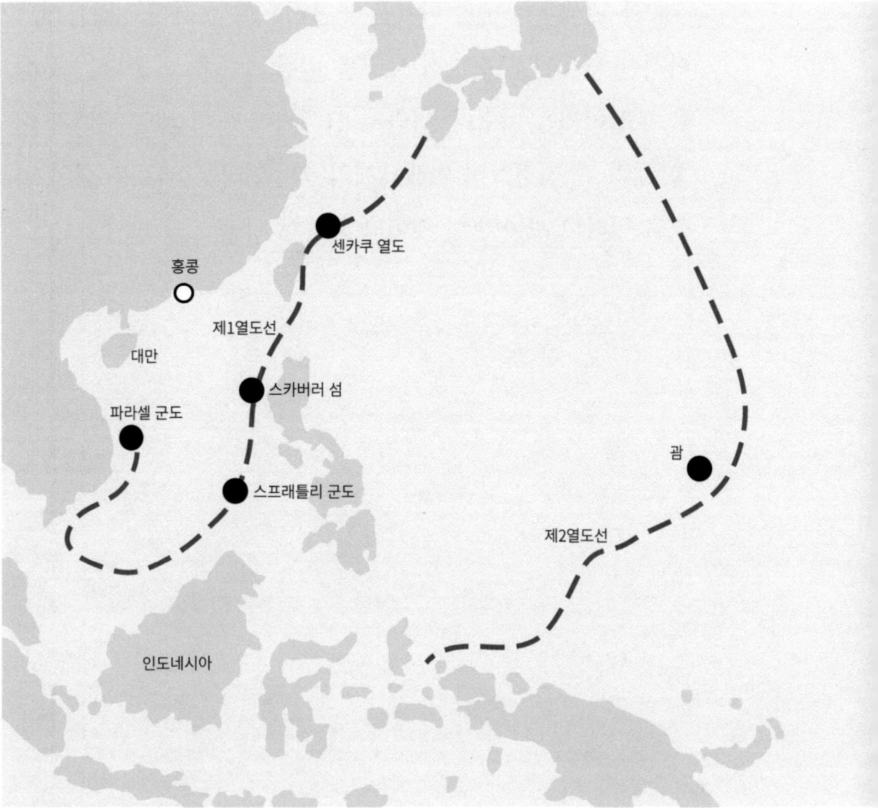

그림 3 중국의 도련선(열도선)
출처: 이헌진 도쿄특파원, 「중국군용기, 제1열도선 처음 넘어 비행」, 『동아일보』(2013년 7월 26일)를 참고하여 재구성.

一路)를 내세우며 팽창 야욕을 노골적으로 드러내고 있는데,[12] 이러한 행태가 지정학적 사고를 바탕으로 하고 있다는 사실을 부정하기는 어렵다. 따라서 21세기에 들어 해양 세력과 대륙 세력 간 지정학적 이해관계의 충돌이라는 새로운 장이 열리고 있다고 보아야 할 것이다.

12 중국은 해양 진출을 용이하게 하기 위해 '구단선(九段線)'이라는 지정학선을 설정하고 남중국해에서 해군의 활동을 활성화시켜 왔다. 이 지정학선은 '제1열도선'과 '제2열도선'으로 잘 알려져 있다. 제1열도선은 일본 규슈 남부에서 오키나와, 대만, 필리핀, 보르네오섬을 연결하는 지역까지이다. 이 선 서쪽에 남중국해, 동중국해, 그리고 일본 주변 해역이 포함된다. 중국은 이 해역을 중국의 앞바다로 보고 유사시에 미국의 항공모함이나 원자력 잠수함의 침략을 저지하고자 하는 전략적 측면에서 추진하였다. 제2열도선은 일본의 이즈 반도(伊豆半島)에서 남쪽의 오가사와라 제도(小笠原諸島), 괌, 사이판, 파푸아뉴기니에 이르는 지역을 포함한다. 중국이 일본 주변지역에서 군사행동을 전개하는 미국의 해상작전을 효과적으로 저지하기 위한 방위선으로서 제2열도선을 상정하고 있으며, 향후 이 지역을 태평양 패권의 전진기지로 구상하고 있음을 엿볼 수 있다.(秋元千明, 『戦略の地政学』, ウェッジ, 2021年, p. 156 참조)

제2장

지정학적 논리의 성립

제2장

지정학적 논리의 성립

제2장에서는 일본지정학의 성립과 전개에 많은 영향을 끼친 칼 하우스호퍼를 비롯하여, 고마키 사네시게(小牧実繁)의 '교토학파'와 이모토 노부유키(飯本信之)의 '일본지정학협회'에 대해 검토하였다.

제1절 | 칼 하우스호퍼의 지정학

칼 하우스호퍼(Karl Haushofer)는 독일 뮌헨(München)에서 태어났다. 제1차 세계대전에 참전하여 육군 장성으로 예편한 그는 범세계적 차원의 지정학에 지대한 관심을 가져, 1924년 『지정학보(Zeitschrift für Geopolitik)』를 창간하고, 1930년 뮌헨대학교 지정학연구소에서 지정학을 강의하는 등 학자로서 왕성하게 활동하였다. 1931년 무렵부터 국가사회주의(National Socialism) 성향을 보이던 하우스호퍼는 독일국가사회주의노

동자당(NSDAP), 즉 나치스(Nazis)의 외교 고문이 되어 당시 독일의 대외 정책 수립에 중요한 역할을 담당하였다. 결과적으로 그의 지정학 논리는 나치스의 침략 정책을 합리화하는 이론적 바탕을 제공하였다. 독일 패전 직전 아들이 히틀러 암살 미수 사건으로 처형되자 하우스호퍼는 실의에 빠졌고, 전후인 1946년 3월 전쟁범죄자로 수사를 받던 중 자살로 생을 마감하였다.

아돌프 히틀러(Adolf Hitler)의 정치 고문이기도 했던 하우스호퍼가 근대 일본의 지정학에 어떤 영향을 미쳤는지를 검토하기 위해서는 먼저 그의 일본에서의 행적을 언급하지 않을 수 없다. 그는 일본 주재 독일대사관에 무관(武官)으로 파견된 바 있는데, 다카기 아키히코(高木彰彦)에 의하면, "일본이 어떻게 러시아를 굴복시킬 수 있었는지 그 구체적인 정보를 수집하기 위하여 관찰 장교 자격으로 파견되었다."[1] 요컨대 하우스호퍼는 일본의 러일전쟁 승리 요인을 파악하는 임무를 수행하였으며, 이 과정에서 일본과 동아시아에 대한 실제적인 지식을 습득할 수 있었다. 하우스호퍼는 1908년 10월 뮌헨을 떠나 이탈리아에서 출항하는 배를 타고 수에즈 운하와 스리랑카, 인도, 싱가포르, 홍콩, 상하이를 거쳐 1909년 2월 도쿄(東京)에 도착하였다. 그리고 동년 4월 중순 교토(京都)를

---

1 クリスティアン·W·シュパング(高木彰彦訳),「カール·ハとウスホーファードイツの地政学」,『空間·社会·地理思想(22)』, 大阪市立大学文学部地理学教室, 2019年, p. 29.

거쳐 9월과 10월에 조선과 만주를 시찰한 것으로 알려져 있다.[2] 귀국 후 그는 일본과 동아시아에 대한 견문을 바탕으로 『대일본(大日本)』을 비롯한 다수의 논문을 발표하고, 관련 분야 박사학위를 취득하는 등 당대 최고의 일본 전문가로 성장하였다. 하우스호퍼가 일본에서 축적한 경험적 지식은 그의 일본 연구 전반의 토대가 되었으며, 특히 그 자신의 지정학적 사고의 결과물인 '대륙블록(Block) 이론'을 완성하는 원동력이 되었다.

한편 하우스호퍼는 귀국할 때 시베리아철도를 이용하였는데, 이 또한 그의 연구와 관련하여 중요한 의미가 있다. 하우스호퍼는 극동아시아에서 소련을 거쳐 중부 유럽까지 유라시아 대륙을 가로지르는 여정을 통해 대륙블록의 가능성을 직접 체험하고 이론적 체계를 구상해 보고자 한 것이다. 아마도 이러한 귀국 과정이 하우스호퍼가 아시아와 태평양이라는 공간의 전략적 중요성을 깨닫는 계기가 되었으리라 추측할 수 있다.

훗날 하우스호퍼는 자신의 행보를 다음과 같이 술회하였다. "일본 군사 시설만을 연구하였으며, 연구 방식은 가급적 절차에 따르고 남의 이목을 끌지 않는 방식으로 한정하였다. 따라서 첩보원과의 접촉 같은 것은 전혀 없었다. 그보다는 어디서건 주의하고 모든 일에 조심스럽게 처신해야 했다. (중략)

---

2 앞의 논문, 이진일, 「'생존공간'(Lebensraum)과 '大東亜共栄圏' 담론의 상호전이–칼 하우스호퍼의 지정학적 일본관을 중심으로」, p. 205.

연구 과정에서 주목할 만한 점이 있을 때는 파견된 관리에게 보고서를 제출하거나, 만일 그것이 불가능하다면 신뢰할 만한 독일인 항해사, 상인 등의 중개를 통해 보고서를 본국으로 전달하였다."[3] 이는 당시 하우스호퍼의 활동이 외교적으로 민감한 사안이었음을 의미한다. 하우스호퍼의 방일 목적이 본질적으로 첩보 활동에 있었다고 볼 수도 있지만, 향후 일본과 독일의 동맹 관계 구축을 염두에 둔 정치적 의도도 내포되어 있었음을 간과할 수 없다. 실제로 그는 독일이 일본과 연대해 앵글로색슨(Anglo-Saxon)에 대항하는 것이 이상적이며, 나아가 식민 세력에 대항하는 중국 및 인도와도 연대해야 한다고 주장하였다.[4]

하우스호퍼는 열강의 식민 통치를 비난하거나 그들이 식민지를 반환해야 한다고 주장하지는 않았다. 그러나 제1차 세계대전에서 패전한 독일이 부흥하기 위해서는 기존의 패권국인 영국과 미국의 지배영역을 축소시켜야 한다고 생각하였고, 이를 위해 피지배 세력과의 연대를 모색하였다. 이러한 구상은 식민 체제에 따른 약탈·착취에 대한 저항 의식이 아니라, 식민 패권국들이 구축한 기존 질서를 부정하고 이른바 '이용 가능한 공간을 공정하게 배분'한다는 명분을 내세운 식민지 재분할 인식을 반영하고 있었다.

3 앞의 논문, 이진일, 「'생존공간'(Lebensraum)과 '大東亜共栄圏' 담론의 상호전이-칼 하우스호퍼의 지정학적 일본관을 중심으로」, p. 206 재인용.

4 앞의 논문, クリスティアン·W·シュパング(高木彰彦訳), 「カール·ハとウスホーファ-ドイツの地政学」, p. 31.

하우스호퍼의 독일적 공간학은 라첼의 생존권 개념과 쉘렌의 경제자족론에 그 기원을 두고 있다. 그중에서도 "모든 국가는 제각기 적절한 생존 공간이 필요하다."라는 라첼의 주장이 지대한 영향을 미쳤다.[5] 하우스호퍼의 지정학은 독일의 팽창을 위한 공간 확보에 집중하였으며, 이는 독일 민족의 경제적 자급자족을 가능케 하는 생활공간을 확보한다는 논리로 전개되었다. 하우스호퍼의 생활공간 개념은 히틀러의 『나의 투쟁(吾が闘争)』에서도 중요하게 언급된다. 이 책에서 히틀러는 "독일 민족에 상응하는 영토를 이 지상에서 확보하는 것이 독일의 외교 정책 목표이며, (중략) 국경은 인간에 의해서 만들어지고 인간에 의해서 변동된다."라고 주장하였다. 즉 히틀러는 미국과 영국 중심의 세계 질서를 전면 부정하고 현재의 국경선을 불공정한 토지 분배의 결과라고 규정하였으며, 이를 타파하고 세계 패권을 차지하기 위해서는 기존의 세계 질서에 순응해서는 안 되며 오직 강력한 무력에 의지해야 한다고 역설하였다.[6] 군사력을 이용해 생존에 충분한 공간을 확보하면 독일 민족이 자신들만의 공간에서 자급자족 경제권을 확보할 수 있을 것이며, 이러한 배타적 공간 확보를 통해 당시 패권 세력이었던 영국, 미국 등의 부당한 압력이나 경제 제재에 영향을 받지 않고 독립적이고 자주적인 공동체를 구축할

5 앞의 논문, 이진일, 「'생존공간'(Lebensraum)과 '大東亜共栄圏' 담론의 상호전이-칼 하우스호퍼의 지정학적 일본관을 중심으로」, p. 213 인용.

6 아돌프 히틀러(서석연 역), 『나의 투쟁』, 범우사, 1989년, pp. 647-649.

수 있다고 생각한 것이다.

유럽 지역을 넘어서는 하우스호퍼의 지정학적 구상은 19세기 중엽 영국 총리를 역임한 헨리 팔머스톤(Henry J. Palmerston)의 전략적 인식과 밀접한 관련이 있다. 1851년 팔머스톤은 중부 유럽과 동아시아 지도적 국가 간의 협력 관계 구축 가능성을 제기하면서 러시아의 위협과 러시아의 유라시아적 특성을 예상되는 어려움으로 꼽았으며, 이에 대응하기 위해 프랑스와 우호 관계를 유지할 것을 강조한 바 있다.[7] 러시아 재상을 역임한 세르게이 비테(Sergei L. Witte) 또한 유럽과 아시아 대륙을 연결하는 러시아의 유라시아적 성격을 강조한 대표적 인물이다. 비테는 시베리아횡단철도 건설을 주도하였으며, 제1차 세계대전 중 독일과 특별평화조약을 수립하고자 하였다. 그는 러시아와 독일, 일본의 협력 가능성에 대해 다음과 같이 언급하였다. "러시아에는 러·독·일 3국의 협력 가능성과 그에 따른 이익을 명확하게 인지하고 있는 일파가 항상 존재한다. (중략) 독일이 대륙 정책 면에서 다양한 가능성을 지니고 있음을 러시아는 인지하고 있다. (중략) 러시아는 3국 연대의 전제 조건이 일본과 독일의 상호이해에 있다고 본다."[8] 일본과의 연대, 러시아의 중간자적 성격에 주목한 하우스호퍼의 대륙블록 이론은 이들의 인식과 맥을 같이한다.

---

7 앞의 논문, 이진일, 「'생존공간'(Lebensraum)과 '大東亜共栄圏' 담론의 상호전이-칼 하우스호퍼의 지정학적 일본관을 중심으로」, p. 215 재인용.

8 カール·ハウスホーファー(窪井義道訳), 『大陸政治と海洋政治』, 大鵬社, 1943年, pp. 5-16.

특히 대륙블록 이론을 전개하면서 하우스호퍼는 일본과 러시아의 존재를 크게 부각시키고 있는데, 이는 러일전쟁 이전부터 구상되었다고 할 수 있다. 그는 "대규모 대륙 정책을 전제로 한 일본과 러시아의 상호 양해 시도는 1901년부터 시작되었으며, 러일전쟁 종료 후인 1909년부터 이토 히로부미(伊藤博文)의 협력하에 재차 추진되었다."라고 밝힌 바 있다.[9]

국가적 혹은 민족적 차원에서 생존을 위한 공간을 확보해야 한다는 동기에서 출발한 하우스호퍼의 지정학은 유라시아 대륙 전체에 대한 블록화 구상으로 이어진다. 물론 이러한 논리 체계는 하우스호퍼만의 전유물은 아니며, 제1차 세계대전 이전부터 제시되었다. 전술하였듯이 독일의 지리학자 라첼은 모든 국가는 생활공간(Lebensraum)을 확보하기 위하여 투쟁하는 유기체라고 주장하였고, 영국의 지정학자 매킨더는 유라시아의 심장지역을 지배하는 국가가 대륙과 주변지역을 지배하고 나아가 세계를 지배한다는 가설을 제시하였다. 일반적으로 제2차 세계대전에서 독일이 동유럽과 소련을 침공한 데는 생활공간 이론과 대륙블록 이론이 큰 영향을 미쳤다고 평가된다.

하지만 하우스호퍼가 "민족 정책과 외교 정책의 중심은 독·러·일 대륙블록에 있었다."라고 언급한 것처럼,[10] 독일이

---

9 앞의 책, 『大陸政治と海洋政治』, p. 19.
10 林有子, 「日独戦時イデオロギ-を支えた〈土の思想〉-カール·ハウスホーファーの地政学をめぐって-」, 『ドイツ研究(32)』, 日本ドイツ学会, 2001年, p. 18.

1941년 6월 소련을 침공하기 전까지 히틀러의 외교 노선은 생존공간을 안정적이고 지속적으로 유지시킬 수 있는 대륙블록을 구축하는 데 있다. 즉 하우스호퍼의 대륙블록 구상은 독일, 러시아, 일본, 중국, 인도 등이 연대하는 반(反)앵글로색슨 연합체 형성을 의미하는 것이었다. 그리고 이를 위해서는 독일과 일본을 연결하는 러시아의 가교 역할과 중·일의 평화적인 관계가 매우 중요하였다. 대륙블록 이론에 대해 하우스호퍼는 다음과 같이 언급하였다. "(포부가: 필자) 원대하고 사려 깊은 일본인들은 독일·일본의 함대가 러시아의 육군과 협력하면 영국과의 해양협약은 일방적이고 불합리한 것이 된다고 생각하고 있다. (중략) 1901년 이후 대륙블록의 태동 가능성이 선명하게 표출되면서, 일본에서는 이러한 조짐이 더욱 확실해지고 있다. (중략) 일본과 독일은 서로를 필요로 하고 있으므로 진정으로 태평양과 대서양을 가로질러 미래를 전망할 수 있는 안목을 가질 필요가 있다. 그 안목은 1909년 위대한 원로인 이토(伊藤)와 가쓰라(桂), 그리고 야마가타(山県)가 내게 이야기한 지정학적 이익에 대한 인식이다."[11]

제1차 세계대전 후 독일의 대외 정책 방침은 매킨더의 심장지역 이론에 입각해 중국 지배를 확신하는 일본과 유라시아 대륙 중심부를 차지하고 있는 소련을 하나로 묶는 블록을 구축하는 것이었다. 하우스호퍼는 유라시아 대륙 동단에 위치

11 앞의 책, 『大陸政治と海洋政治』, p. 10, p. 63.

한 일본의 중요성을 인식하고 있었고, 독일의 생존권 확대 방향을 유럽이 아닌 동구로 결정하였다. 그는 앵글로색슨에 대항하는 새로운 세력으로 일본을 선택하였다. 히틀러는 일본이 태양 빛을 반사하는 달에 불과하며, 따라서 아리안 민족인 독일과는 달리 문화적으로 2류 민족이라 주장하며 평가절하하였다. 하지만 나치당의 2인자였던 헤스(Rudolf Hess)는 달랐다. 그는 1934년 4월 7일 하우스호퍼의 저택에서 독일 주재 일본대사관의 무관 엔도 요시카즈(遠藤喜一)에게 독일이 일본과의 동맹을 희망한다고 밝힌 것으로 알려져 있다.[12] 따라서 이후 전개된 1936년 독일과 일본의 방공협정, 1939년 독일과 소련의 불가침조약, 1940년 독일과 일본 그리고 이탈리아의 3국 동맹 체결은 하우스호퍼가 제시한 대륙블록 이론의 실현을 위한 일련의 과정이었다고 할 수 있다.

대륙블록 이론의 중요한 부분이었던 독소불가침조약(獨蘇不可侵條約)에 대해 일본의 로야마 마사미치(蝋山政道)는 "독일 지정학자가 희망하던 학문적 결론이자, 유라시아 대륙을 하나의 섬으로 만들자는 운동이라고 볼 수 있다."라고 평가하였다.[13] 당시 일본 정부도 동일한 인식을 갖고 있었는데, 특히 군부는 독소불가침조약 체결 직후부터 일·독·이·소(日·獨·伊·蘇) 4국 군사동맹을 구상하였다. 즉 일본의 군부는 대소(對蘇)

---

12 앞의 논문, 林有子, 「日独戦時イデオロギ-を支えた〈土の思想〉-カール·ハウスホーファ-の地政学をめぐって-」, p. 19.

13 蝋山政道, 「大東亜広域圏論-地政学的考察」, 『太平洋問題の再検討』, 朝日新聞社, 1941年, pp. 14-15.

군비를 한층 보강해 노몬한 방면의 소련군을 철저하게 압박하는 한편, 독일과 이탈리아를 이용해서 소련으로 하여금 먼저 휴전을 제의하게 함으로써 신속하게 일소불가침조약을 체결하고자 하였다. 나아가 일·독·이·소 동맹이라는 반영(反英) 전선을 결성함으로써 동아시아 지역에서 영국 세력을 몰아내고 중국사변이라는 현안을 신속하게 처리하고자 하였다.[14] 이러한 전략은 당시 일본 해군성 조사과장이었던 다카기 소키치(高木惣吉) 대좌의 언급에서도 찾아볼 수 있다. 1939년에 그는 독일, 이탈리아 그리고 소련과의 대륙블록 구상이 영국, 미국, 프랑스 세력에 효과적으로 대응할 수 있는 가장 합리적인 수단이라고 판단하면서 다음과 같이 주장하였다. "대륙블록화는 현존하는 일·독·이 우호 관계의 기초라고 할 수 있으며, 설령 독소불가침조약으로 약간의 감정적 균열이 생길지라도 실현 가능성이 매우 높다. 영국의 장제스(蔣介石) 지원 정책은 경제적인 이유로 이미 한계에 직면해 있고, 유럽 정세가 긴박해질수록 점점 더 여유가 없어질 것이다. 영국과 달리 소련은 중국공산당에 대한 무력원조를 계속하고 있으며, 향후 지원을 강화할 가능성이 높다. 따라서 일·독·이·소 연합은 장제스에 대한 외부 지원을 차단하여 중국과의 전쟁을 조기에 종결할 수 있게 할 것이다."[15]

---

14 読売新聞社編,『昭和史の天皇』, 読売新聞社, 1976年, p. 261.

15 三宅正樹,『スターリン, ヒトラーと日ソ独伊連合構想』, 朝日新聞社, 2007年, pp. 80–87.

당시 독일 외상이었던 요아힘 리벤트로프(Joachim von Ribbentrop)도 하우스호퍼의 일·독·이·소 대륙블록 이론을 전폭적으로 지지하면서 외교적 실천을 모색하였다. "독일과 이탈리아 그리고 일본은 베를린-로마 추축(樞軸)과 베를린-로마-도쿄를 연결하는 방어동맹을 구축하였으며, 이해관계를 같이하는 다른 국가들도 여기에 참여할 수 있도록 지속적으로 노력할 것이다. 3국의 우위에 바탕을 둔 결속이 강하면 강할수록, 중부 유럽에서 분쟁을 일으켜 독일을 끌어들이려는 영국과 프랑스의 전략은 성공하기 어려울 것이다."[16] 여기에서 '다른 국가들'은 곧 소련을 의미한다. 일중전쟁의 장기화로 진퇴양난에 빠져 있던 일본 지도부에게 하우스호퍼의 일·독·이·소 연합 구상은 매력적인 것이었다. 이 동맹을 통해 전쟁을 조기에 종결시킬 수 있는 여건이 만들어지고, 만주를 둘러싸고 대치하고 있던 소련과 평화적으로 문제를 해결할 수 있게 되며, 나아가 만주에 대한 미국의 집착을 포기시킴으로써 양국 간의 전쟁도 예방할 수 있다고 판단하였던 것이다. 일본에 대한 편견과는 별개로 히틀러 또한 일본과의 동맹을 당연시하였다. 그는 "독일 민족에게 필요한 토지의 획득이라는 관점에서 동방 정책은 독일의 목표이다. (중략) 오늘날 독일과 같이 프랑스의 대륙 지배를 참을 수 없다고 느끼는 나라들은 모두 마땅히 독일의 동맹국이다."라고 주장하였다.[17]

16 三宅正樹, 『日独伊三国同盟の研究』, 南窓社, 1975年, p. 132.
17 앞의 책, 『나의 투쟁(吾が闘争)』, p. 662.

하지만 주지하다시피, 하우스호퍼의 대륙블록 구상은 결과적으로 참담한 실패로 끝났다. 실패 요인은 다음과 같이 정리할 수 있다. 첫째, 히틀러의 소련 침공이다. 히틀러는 하우스호퍼의 구상을 원형 그대로 받아들이지 않았고, 하우스호퍼는 이러한 히틀러의 전략을 간파하지 못하였다. 그는 훗날 "독소불가침조약이 그저 시간을 벌기 위한 히틀러의 전술적 계산에 불과했다는 것을 전혀 인지하지 못하였다. 나는 1941년 6월 히틀러가 소련을 침공했을 때 충격을 받았다."라고 술회하였다.[18] 둘째, 미국의 세계 전략에 대한 오판이다. 즉 하우스호퍼는 대륙블록화에 대한 미국의 강력한 반발을 예상하지 못하였으며, 독·일 간의 제휴가 일·미 양국 관계를 돌이킬 수 없을 정도로 악화시켜 결국 전쟁으로 이어지리라는 것도 예상하지 못하였다. 아울러 미국의 잠재력을 과소평가하였다는 점도 간과해서는 안 될 것이다. 셋째, 하우스호퍼는 중국이 결과적으로 일본의 영향권 아래 들어갈 것이라고 섣불리 판단하였다. 일중전쟁의 장기화는 대륙블록화의 커다란 걸림돌로 작용하였으며, 결국 중국을 대륙 세력으로 끌어들이지 못하고 해양 세력인 미국과 영국의 편에 서게 하는 결과를 초래하였다.

하우스호퍼는 독일과 소련, 그리고 일본과 중국을 연결하는 거대한 대륙블록을 형성하여, 대륙 세력이 영국과 미국이

18 앞의 논문, 이진일, 「'생존공간'(Lebensraum)과 '大東亜共栄圏' 담론의 상호전이-칼 하우스호퍼의 지정학적 일본관을 중심으로」, p. 216 재인용.

라는 해양 세력을 제압하는 새로운 세계 질서를 구축해 보려 하였다. 여기에서 그는 독일과 소련의 동맹을 대륙 지배의 선결 조건이자 핵심 사안으로 보았다. 그러나 하우스호퍼의 대륙블록 구상은 그 자신의 판단 착오라는 내적 요인과 히틀러의 소련 침공이라는 외적 요인으로 말미암아 성공하지 못했다. 하우스호퍼가 지정학의 대가인 동시에 히틀러의 침략 정책에 막대한 영향을 미친 인물인 것은 사실이지만, 독일의 정책에 대한 최종 결정 권한은 독재자 히틀러가 가지고 있었다. 무엇보다 히틀러는 1938년을 마지막으로 하우스호퍼를 만나지 않았기 때문에 하우스호퍼의 지정학적 논리는 히틀러를 포함한 나치 지배 엘리트들에게 더 이상 전파되지 못했다. 따라서 하우스호퍼는 히틀러가 소련과의 전쟁을 결정하고 갑자기 친영반소(親英反蘇)적인 외교 노선을 취하는 것을 속수무책으로 받아들일 수밖에 없었을 것이다. 사실 당시 독일의 대외 정책은 이중적이었다. 즉 친영반소(親英反蘇)와 반영친소(反英親蘇) 측면을 동시에 내포하고 있었다고 할 수 있으며, 일본은 이러한 독일 외교 정책의 속성을 제대로 파악하지 못하고 있었다. 한편 하우스호퍼의 대륙블록 구상이 성공하기 위해서는 우선 세계 경제의 영미 의존성을 감소시켜야 했는데, 그것은 현실적으로 거의 실현 불가능한 과제였다. 이해 당사국들이 추구하는 정치적 목적은 차치하더라도, 대륙국가 간의 원활한 식량 및 원료 공급, 생산과 판매를 위한 자본과 시장 확보, 사람과 물자의 이동을 위한 편리한 교통망 구축이 하우스호퍼의 대륙블록 구상에는 결여되어 있었다.

하지만 이러한 하우스호퍼의 대륙블록 구상은 결과적으로 일본의 대동아공영권 구상에 이론적 기반을 제공하였다. 대륙블록 이론은 그 전개 과정에서 일본의 학자들과 정치가들에게 큰 영감을 주었고, 실제로 일본과 독일의 동맹이 현실화하는 데 이론적 토대를 제공하였다. 더욱이 유라시아 대륙 중간에 위치한 소련이 대륙블록 이론 체계에 포함되면서 실현 가능성이 높다고 보기도 하였다. 유럽인들의 기준에서 볼 때, 비유럽국가이며 해양국가인 일본을 지정학적 논리의 주요 행위자로 설정하는 것은 매우 독특한 시각이다. 백인종 국가가 아닌 일본을 평등한 동반자로 인식하고 동아시아에서 일본의 지배권을 인정하였다는 것은 상당히 이례적이라고 할 수 있다. 당시 일본의 학자와 정치가들은 공통적으로 자국이 대륙으로 팽창하여 생활공간을 확보하기 위해서는 최우선적으로 중국의 세력권에 속한 조선을 일본에 병합해야 한다고 생각하였다. 즉 그들은 일본이 조선을 장악해야만 중국의 힘을 약화시키고 러시아의 남하를 차단할 수 있다고 판단하였다. 이후 일본은 만주를 사실상 병합하는 과정에서도 생활공간의 확보라는 논리를 내세웠으며, 나아가 이른바 대동아공영권을 구축하기 위한 침략전쟁을 자행할 때도 동일한 논리를 명분으로 삼았다. 이러한 일본의 국가적 행태에 하우스호퍼의 대륙블록 이론이 상당한 영향을 미쳤다는 것은 분명한 사실이다.

제2절 | 고마키 사네시게(小牧実繁)의 '교토학파'

고마키 사네시게(小牧実繁)를 중심으로 한 '교토학파'는 대륙형 지정학의 공간개념을 적극적으로 수용하였다. 특히 라첼의 생활공간 이론을 거의 절대적으로 신봉하였으며, 여기에 자국의 특성을 반영한 이른바 '일본지정학'의 확립을 추구하였다. 교토학파가 일본화한 생활공간 이론은 국가유기체론과 결합되면서 당시 영토적 확장을 열망하였던 일본 정부의 팽창 정책 수립에 크게 기여하였다.

이와 같이 근대 일본의 학자들과 정치가들에게 독일의 대륙형 지정학이 큰 영향을 미쳤다는 것은 분명한 사실이며, 그 과정에서 가장 핵심적인 역할을 한 인물은 하우스호퍼라고 할 수 있다. 실제로 일본이 받아들인 라첼의 생활공간 이론도 원형 그대로가 아니라 하우스호퍼에 의해 재구성된 논리 체계였다고 보아야 할 것이다.

일본에서 지정학이 학문적으로 연구되기 시작한 것은 도쿄대학에 지질학과가 설립된 1887년부터이다. 이후 1908년 교토대학에, 1919년 도쿄대학에 지리학과가 설립되었으며, 이를 계기로 1925년 독일 유학파 학자들을 중심으로 일본지리학회가 조직되면서 지정학에 대한 본격적인 연구가 진행되었다. 1930년대에 들어서면서 교토학파의 고마키 사네시게는 이모토 노부유키를 중심으로 하는 도쿄대학 출신 학자들의 학문적 활동과 거리를 두고 일본식 지정학의 확립에 주력하였다. "교토학파의 본질적인 목표는 오로지 일본지정학의 건설에 있으며, 이는 분명히 황도사상과 결부되어 있다."라는 사토 다케시(佐藤健)의 평가처럼, 고마키를 비롯한 교토학파는 순수한 학문적 모임이 아니었다.[19] 특히 고마키는 군국주의자는 아니었지만, 애국주의자 혹은 팽창주의자라 부르기에 조금도 손색이 없었다. 그런 그의 가치관 형성에 큰 영향을 미친 것은 1927년의 만주 여행과 1938년의 유럽 여행이다. 예컨대 그는 영국을 방문했을 때 영국이 더 이상 과거의 '해가 지지 않는 대영제국'이 아니며 쇠락의 길로 접어들고 있다는 인상을 받았고, 미국에서는 선거권도 없이 궁핍하게 생활하는 일본 이민자의 실상을 목격하였다. 반면 독일에서는 광영과 활기가 넘치는 게르만 민족의 부흥을 보았다고 술회하였다. 결국 이러한 경험이 그를 제국주의 예찬론자로 나아가게 하였다고 할 수 있다. 1920년대 이후의 국제 정세하에서 고마키는 "새로운 일본지정학은 역사적이고 전통적인 일본의 정신과 함께 일본 국책의 기본방향이 되어야만 한다. 장래 일본 국책에서 새로운 일본지리학과 일본지정학에 대한 요구는 점점 더 커질 것이라고 믿는다."라고 주장하였다.[20] 이러한 주장

19 앞의 논문, 佐藤健, 「日本における地政学思想の展開」, p. 113.
20 앞의 논문, 佐藤健, 「日本における地政学思想の展開」, p. 114.

에는 일본의 국제적 고립에 대한 우려, 서구 열강에 대한 반발심, 일본의 나약한 현실을 극복해 보고자 하는 일종의 소명의식, 그리고 무엇보다도 서양 중심 세계 질서를 타파하고 일본 중심의 동양적 세계관을 실현해 보려는 욕망이 크게 작용하였다고 볼 수 있다.

고마키는 "일본은 장제스 정권을 적대하기 전에 그 배후에서 이 정권을 조종하고 있는 노회한 영국 중심의 현상 유지 세력과 공산주의라는 가면하에 중국을 잠식하려 하는 소련이라는 침략 세력, 그리고 국제자본주의 세력을 척결하지 않으면 안 될 것이다."라고 언급하면서 일·중 양국 관계 악화의 배경에 구미 열강의 모략이 있다고 주장하였다.[21] 그는 일본에 의한 신질서 또는 일본 중심의 동아시아 질서를 구축하는 데 있어 최대 장애물은 중국이 아니라, 중국을 둘러싸고 이해관계를 다투는 영국과 미국 그리고 소련이라고 보았던 것이다. 이러한 세력들을 축출하고 동아시아 신질서를 구축하기 위해 그는 보다 일본적이고 주체적인 황도사상을 새로운 일본지정학에 접목시키려 하였다. 명확하지는 않지만, 교토학파는 이러한 사상과 가치관을 지닌 고마키의 문하생들에 의해 1930년 말 성립되었으며, 1945년까지 왕성하게 활동한 것으로 알려져 있다. 이들의 연구는 미국과 유럽을 비롯하여 아시아, 아프리카 등 광범위한 지역을 대상으로 하였는데, 실제 연구

21 小牧實繁, 『日本地政学宣言』, 白揚社, 1940年, p. 37.

과정에서는 남아시아·시베리아·호주·중국·동남아시아·아프리카·인도네시아·미얀마·태평양 제도 등으로 지역을 보다 세부적으로 분류하여 연구를 진행하였다. 그런데 [표 1]과 [표 2]를 보면 이러한 연구를 지원한 후원 세력은 일본의 군부, 특히 육군성이었음이 좀 더 분명하게 드러난다.

사토는 교토학파에 대해 "고마키와 그 문하생들을 중심으로 한 지리학자 모임이며 그 사상적 바탕은 본연의 모습(本然の姿)론이었다."라고 설명하였는데,[22] 그 내부에는 군부와 밀접한 관계를 맺고 있었던 '요시다 모임(吉田の会)'이라는 소그룹이 있었다. 회원 대부분은 고마키의 문하생이었지만, 일본 군부의 고위 장성과 예비역 등이 참여한 '황전회(皇戦会)'가 깊이 개입되어 있었다. 황전회는 당시 육군 대령이었던 다카시마 다쓰히코(高嶋辰彦)가 조직한 단체로, 참모본부와 긴밀한 관계를 유지하면서 나카쇼지 아키라(仲小路彰: 도쿄대학)를 중심으로 하는 저작활동(著作活動)과 고마키(小牧実繁) 등이 중심이 된 지정학 그룹의 활동을 지원하였다고 알려져 있다.[23] 특히 황전회는 지정학 연구, 독서회, 연구회, 단행본 발간 등의 활동을 하였는데, [표 2]에 제시된 인물들의 면면을 살펴보면 사실상 육군 참모본부의 외곽 단체였음을 알 수 있다.

22 앞의 논문, 佐藤健, 「日本における地政学思想の展開」, p. 121.
23 藤田清, 「皇戦会と高嶋さん」.(森晴治編, 『雪松·高嶋辰彦さんの思い出』, 森晴治, 1981年, pp. 36-42)

[표 1] 교토학파 회원

성명	직위	학력	비고
小牧実繁	회원 (교수)	교토대학	교토제국대학 지리학교실(地理学教室) 근무. 교토제국대학 지리학교실에는 고마키(小牧) 조교수, 무로카 노부오(室賀信夫) 강사, 노마 사부로(野間三郎) 조수가 근무하였으며, 1945년 종전까지 3명이 교실을 운영함. 1937년에 지정학 연구 모임, 즉 '요시다 모임(吉田の会)'이 있었지만, 다카시마(高嶋)의 의뢰를 계기로 종합지리연구회(綜合地理研究会)로서 안착.
室賀信夫	회원 (조교수)	교토대학	1943년 교토대학 조교수. 1967년 도카이(東海)대학 교수. 미국 지역 연구.
米倉二郎	회원	교토대학	1952년 3월 히로시마(広島)대학 문학부 지리학 교수. 1976년 4월 역사지리학회장 역임. 은사(恩師)인 오가와 다쿠지(小川琢治) 교수에 의해 토지구획(土地区画)·집락입지(集落立地)·군사지리(軍事地理)·지리학사(地理学史) 등과 관련하여 중국대륙을 함께 연구. 특히 교토대학의 오가와 다쿠지 교수는 1910년 조선의 세계지도인 '혼일강리역대국도지도(混一疆理歷代國都之圖)'를 처음 학계에 소개함.
別技篤彦	회원	교토대학	육군 소장. 전시(戰時) 지리 조사를 위해 자바섬 파견군에 소속되어, 남방문화연구실장 역임. 동남아시아 지역 연구. 1952년부터 고베상과대학(神戸商科大学) 교수를 거쳐, 1954년 릿쿄(立教)대학 교수. 1985년 일본지리학회 명예회원.
川上健三	회원	교토대학	다카시마 다쓰히코(高嶋辰彦)의 참모본부 제4부 국방연구실에 근무하면서 교토학파와 황전회(皇戦会) 사이의 연결고리 역할. 즉 교토학파에 활동자금 및 황전회에 보고 사무 담당.
朝永陽二郎	회원	교토대학	1942년 고난(甲南)고등학교 근무. 아프리카 지역 연구.
小葉田亮	회원	교토대학	1940년 효고현(兵庫県)사범학교 근무.
御子紫幸一	회원	교토대학	1938년 동아연구소 촉탁, 제5부 근무(영국반). 1943년 대정익찬회 선전부 부부장, 흥아원(興亜院) 총본부원.
浅井得一	회원	교토대학	1942년 12월, 남방군(南方軍: 일본군) 정보관 및 육군 사정관(陸軍司政官) 역임. 남아시아 지역 연구. 예비역 육군 대좌로 쇼와(昭和)통상주식회사 사장 역임. 니혼(日本)대학 조교수 및 메이지(明治)대학 교수. 일본지리교육학회 회장을 역임.
野間三郎	회원	교토대학	1941년 교토대학 강사. 무로카 노부오(室賀信夫), 고마키 사네시게(小牧実繁) 등과 지정학 연구 활동에 의해 공직에서 추방. 유럽 지역 연구. 1952년 리쓰메이칸(立命館)대학 교수. 1959년 가나자와(金沢)대학 교수. 1964년 중일문화상(中日文化賞) 수상. 1968년 가나자와대학을 퇴직하고 도쿄도립대학 교수.

성명	직위	학력	비고
村上次男	회원	교토대학	만주 안산(鞍山)중학교 근무. 1942년 뉴기니아섬 공략에 대해, 정글지대인 해안 지역 상륙작전이 아닌 항공기를 이용한 산 정상 고원지대 강하작전을 제시. 태평양 제도(太平洋諸島) 지역 연구.
和田俊二	회원	교토대학	1938년 만주 근무. 1943년 교토대학 문학부 교무. 1944년 히코네(彦根)경제전문학교 교수. 호주 지역 연구.
浅井辰郎	회원	교토대학	1940년 만주건국(満州建国)대학 조수. 1942년 다다후미오(多田文男) 도쿄대학 교수가 부단장으로서 운영하는 '산시(山西) 학술조사'에 육군 촉탁으로 참여. 내몽골 초원 조사대(内蒙古草原調査隊) 참가[기하라 히토시(木原均) 대장] 및 서태평양 포나페섬 조사에도 참가. '외방도(外邦図)'[24] 제작에 참여.
柴田孝夫	회원	교토대학	중남미 지역 연구. 동경육군유년학교 교수.
内藤玄匡	회원	교토대학	1939년 동 대학 졸업과 함께 대학원 진학.
川上喜代四	회원	교토대학	북극과 남극 지역 연구. 북아메리카 지역 연구. 해군 교수. 수로부 수기소(水路部修技所) 교관.
三上正利	회원	교토대학	티베트와 몽강(蒙疆), 미얀마와 시베리아 지역 연구. 지리학 연구소 조수.
岡本信太郎	회원	교토대학	지리학 연구소 조수.
中田栄一	비회원	교토대학	국민정신문화연구소 근무.
藤野義明	비회원	교토대학	육군 사정관.
西田和夫	비회원	교토대학	인도네시아 자바 군정감부.
河地貫一	비회원	교토대학	총무청 고등관 시보. 쇼와통상주식회사 조사부 근무. 교토부립교토제2(京都府立京都第二)중학교 교사. 나라(奈良)여자대학 강사 겸 나라(奈良)여자고등사범학교 교사. 나가사키(長崎)대학 경제학부 교수.
大島襄二	비회원	교토대학	구제 도시샤(旧制同志社)여학교 교사. 간사이(関西)학원대학 문학부 교수.

24 일본은 1871년 해군을 창설하고 군함 이동에 필요한 지도 제작을 위한 '수로부'를 설치하였다. 수로부는 일본은 하천과 연안을 실측하고 지도를 제작하였으며, 또한 해외 팽창 정책의 일환으로 비밀리에 '외방도(外邦圖: 일본 영토 외의 지도)'라는 타국의 지도 제작에 몰입하게 되었다. 특히, 1884년 육군 참모본부가 측량국(測量局)을 설치하면서 외방도 제작 과정은 더욱 비밀리에 이루어졌으며, 대체로 스파이를 이용하여 상대국 사람을 매수하여 매수인으로부터 지도를 입수하여 작성하였다. 이처럼 외방도 제작 과정에는 민간인뿐만 아니라 일본 군부의 비밀 측량대도 깊이 간여하였다.[서경순, 「『한국수산지』의 해도와 일본 해군의 외방도(外邦圖)」, 한일관계사학회, 2023년 4월 8일(제205회 월례발표회) 참조]

성명	직위	학력	비고
船越謙策	비회원	교토대학	교토대학 문학부 부수(副手: 조수). 히로시마(広島)고등사범학교 강사. 히로시마(広島)대학 문학부 교수. 지리과학학회 명예회원.
小葉田亮	비회원	교토대학	효고현(兵庫県)사범학교 교사.

출처: 村上次男, 「日本地政学の末路」, 『空間·社会·地理思想(4)』, 大阪市立大学文学部, 1999年; 柴田陽一, 「アジア·太平洋戦争期の戦略研究における地理学者の研究」, 『歴史地理学』 第49巻5号, 歴史地理学会, 2007年; 小林茂·鳴海邦匡, 「総合地理研究会と皇戦会」, 『歴史地理学』 第50巻4号, 歴史地理学会, 2008年 등을 참고하여 재구성.

[표 2] 황전회(皇戦会)

성명	직위	학력	비고
鈴木孝雄	회장	육군사관학교	육군 대장. 제42대 내각총리대신 스즈키 간타로(鈴木貫太郎)의 동생. 전후는 일본 육군 장교의 친목 및 상호 부조 단체인 가이코샤(偕行社) 회장.
中岡弥高	이사장	육군사관학교	야전중포병(野戦重砲兵) 제1여단장을 거쳐 시모노세키요새(下関要塞) 사령관에 임명. 1932년 육군 중장. 1942년 동경시회의장. 전후 공직 추방.
神田正種	발기인	육군사관학교	1938년 육군 소장. 교육총감부 제1부장과 참모본부 총무부장 등을 역임하고 1941년 육군 중장 제6사단장. 전후 BC급 전범 용의자로 기소됨. 1952년 석방.
坂西一良	발기인	육군사관학교	1938년 육군 소장. 육군보병학교장을 거쳐, 1941년 육군 중장. 1943년 2월 제35사단장. 제20군 사령관.
高嶋辰彦	주재자(상임이사)	육군사관학교	육군사관학교 수석 졸업. 1939년 참모본부 제4부 제10과 및 제11과(겸임), 황전회 상임이사(皇戦会常務理事). 1940년 대만 보병 제1연대장. 1943년 육군 소장. 제3군 참모장 및 제12군 참모부장. 1945년 동부군 참모장. *황전회를 조직함.
渡辺渡	상임이사	육군사관학교	다카시마 다쓰히코(高嶋辰彦)가 1940년 12월 대만 보병(台湾歩兵) 제1연대장이 됨에 따라 후임으로 상임이사에 역임. 총력전 연구소 근무. 1943년 육군 소장 및 기획원 제1부장. 1944년 독립혼성(独立混成)제2여단장 및 북지나방면군(北支那方面軍) 참모부장.
間野俊夫	간사	육군사관학교	제2과 제4반(第二課第四班) 전쟁지도반(戦争指導班: 중좌)에 다카시마 다쓰히코의 지휘하에 배속. 황전회와 교토학파(綜合地理研究會)와 연결고리 역할. 『ルーデンドルフの国家総力戦』(戦争文化研究所, 1939年) 출간. 1945년 보병 413연대장(대좌).
平沼騏一郎	고문	도쿄대학	대심원 검사, 1912년 검사총장 및 제2차 야마모토 내각(山本内閣)의 사법상. 1913년 귀족원 의원. 1939년 수상. 전후 A급 전범으로 종신금고형.

성명	직위	학력	비고
荒木貞夫	고문	육군사관학교	쓰요시 내각(犬養内閣) 및 사이토 내각(齋藤内閣)의 육군대신. 제1차 고노에 내각(近衛内閣) 및 히라누마 내각(平沼内閣)의 문부대신. 최종 계급은 육군 대장. 전후 A급 전범으로 종신금고형.
柳川平助	고문	육군사관학교	흥아원(興亜院) 초대 총무장관. 최종 계급은 육군 중장. 육군성 사무차관. 사법대신 및 국무대신. 대정익찬회(大政翼賛会) 부총재.
羽田亨	고문	도쿄대학	교토대학 총장(제12대 총장).
有馬良橘	고문	해군병학교	제1함대 사령관. 해군병학교장. 1919년 해군 대장. 해군성 교육본부장.
柴五郎	고문	육군사관학교	1912년 중포병(重砲兵) 제1여단장. 1919년 육군 대장 및 대만 사령관.
奈良武次	고문	육군사관학교	1914년 육군 소장. 중국 주둔군 사령관. 칭다오 수비군(青島守備軍) 참모장. 군무국장. 1924년 육군 대장.
林銑十郎	고문	육군사관학교	1913년부터 3년간 독일과 영국에 유학. 육군대학교장 및 교육총감부 본부장. 고노에(近衛) 사단장. 1932년 대장. 교육총감 겸 군사참의관.
本圧繁	고문	육군사관학교	제10사단장. 관동군 사령관·시종무(侍従武) 장관. 육군대장. 퇴역 후 군사보호원 총재 및 추밀원 고문관. 할복자살(전범).
筑紫熊七	고문	육군사관학교	1913년 육군 소장 및 육군성 병기국장. 1917년 육군 중장 및 육군 기술본부장. 1922년 엄홍회(曬弘会) 부회장. 1932년 만주국 참의. 1939년 정동연맹(精動連盟) 이사장.
中島鉄蔵	고문	육군사관학교	1937년 참모본부 총무부장. 1938년 육군 중장 및 참모차장. 1942년 육군사정장관(자카르타). 1945년 전범으로 수감(병사).
古賀峯一	고문	해군병학교	1932년 해군 소장 및 해군 군령부 제3반장. 1936년 해군 중장 및 연습함대 사령관. 1943년 연합함대 사령장관.
郷誠之助	고문	도쿄대학	일본의 실업가. 일본상공회의소 회장. 일본경제연맹회 회장. 도쿄전등(電燈) 회장. 도쿄주식 거래소(取引所) 이사장. 귀족원 남작의원.
伍島貞雄	고문		
永井柳太郎	고문	와세다대학	민정당(民政党) 간사장 및 사이토 내각(斎藤内閣) 탁무대신. 제1차 고노에 내각(近衛内閣) 체신대신. 아베 내각(阿部内閣)에서는 철도대신 및 체신대신을 겸무.
笠原幸雄	평의원	육군사관학교	1941년 관동군 제3군 제12사단장. 1942년 관동군 총참모장.
富永恭次	평의원	육군사관학교	1939년 육군 소장 및 참모본부 제4부장. 1941년 도조육상(東條陸相)에서 육군성 인사국장(중장 진급). 1943년 육군 차관 및 인사국장 사무 취급(取扱) 겸임.

성명	직위	학력	비고
飯村穣	평의원	육군사관학교	1938년 육군대학교 교장. 1939년 육군 중장 및 관동군 참모장.

출처: 村上次男,「日本地政学の末路」,『空間·社会·地理思想(4)』, 大阪市立大学文学部, 1999年; 柴田陽一,「アジア·太平洋戦争期の戦略研究における地理学者の研究」,『歴史地理学』第49巻5号, 歴史地理学会, 2007年; 小林茂·鳴海邦匡,「総合地理研究会と皇戦会」,『歴史地理学』第50巻4号, 歴史地理学会, 2008年 등을 참고하여 재구성.

황전회의 다카시마는 "일본 정신의 확고한 기반 위에 국민의 사상을 더욱 강화하고 구미 열강의 아시아 침략 의도와 전략을 분석하여 아시아 해방의 성전을 촉구하고 사상전의 강화를 계획 및 실천하기 위한 목적으로 교토학파를 지원하였다."라고 주장하였다.[25]

이처럼 교토학파는 황전회로부터 재정적 지원과 편의를 제공받으면서, 논문 발표와 강연회 실시 등을 통해 일본의 총력전에 본격적으로 협력하였다. 논문이나 강연의 내용 대부분은 일본군 주둔지에서의 전략 및 전술 관련 사항들이었다. 특히 논문 발표나 강연 때는 군 간부가 직접 참석하기도 했는데, 이들은 이때 습득한 내용을 실제 전투 현장에 적용하기도 했다. 예컨대 싱가포르 공략이 해상이 아니라 육상 공격이 중심이 되어야 한다는 무로카 노부오(室賀信夫)의 발표를 직접 경청한 야마시타 도모유키(山下奉文) 대장은 이를 싱가포르 침공에 전술적으로 채택했다고 전해진다.[26] 또한 아시아 연구자

25 間野俊夫,「高嶋さんと総力戦」,『雪松·高嶋辰彦さんの思い出』, 森晴治, 1981年, pp. 70–75.

26 村上次男,「日本地政学の末路」,『空間·社会·地理思想(4)』, 大阪市立大学文学部地理学教室, 1999年, p. 51.

인 아사이 도쿠이치(浅井得一)는 영국이 지배하고 있는 인도양을 태평양과 연결된 아시아 해양으로 인식하고, 일본 황군이 인도양의 제해권을 장악해 인도를 해방시키고 아시아의 패권을 장악해야 한다고 주장하였는데, 이 역시 일본 군부의 전략 구상에 영향을 미쳤다고 볼 수 있다. 이처럼 교토학파가 일본 군부 침략 정책의 브레인 역할을 하였다는 근거는 1940년 1월 30일 가와카미 겐조(川上健三)와 무로카 노부오에게 보낸 서한에서도 찾아볼 수 있다. 여기에는 "보내주신 인도중국반도 침략사를 다카시마 대좌가 보시고 대단히 기뻐하셨습니다. (중략) 오늘은 다카시마 대좌가 참모총장을 비롯하여 참모차장, 총무부장 등 군 수뇌부 앞에서 무로카 노부오 선생님의 논문을 중심으로 발표하였습니다. (중략) 무로카 선생님의 논문을 보신 뒤 다카시마 대좌가 교토학파에 거는 기대가 크다는 것을 알게 되었습니다."라는 내용이 적혀 있다.[27]

1941년 태평양전쟁이 발발한 이후 고마키는 전보다 더 왕성한 활동을 전개하였다. 이 시기 그의 주장이나 논문 대부분은 전국(戰局) 또는 대동아공영권 사상과 지정학 간의 관련성을 강조하는 내용이었다. 또한 그는 연구의 공간적 범위를 아시아 전체와 태평양으로 확대하였으며, 역사지리적 관점에서 서구 열강의 아시아 침략을 배격하고 본래 모습으로 회귀하여야 한다는 사명감에 빠져 있었다. 고마키가 발표한 논문 대

27 小林茂·鳴海邦匡, 「総合地理研究会と皇戦会」, 『歴史地理学』 第50巻4号, 歴史地理学会, 2008年, p. 36 재인용.

부분은 대동아공영권 사상과 관련된 것이었는데, 이는 그가 대동아공영권 확립에 있어 일본지정학의 역할과 의무를 깊이 고민하였음을 방증한다. 1941년 11월 10일 교토의 『주간아사히(週間朝日)』가 주최한 '일본지정학으로 대동아의 백화(白禍)를 일소한다(日本地政学より大東亜に於ける白禍を暴く)'라는 학술회의에서 고마키를 비롯한 무로카, 노마 사부로(野間三郎), 도모나가 요지로(朝永陽二郎), 와다 슌지(和田俊二) 등의 학자들은 구질서에 의해 지리가 왜곡되었다고 주장함과 동시에 대미(對美) 개전을 촉구하였다.[28] 즉 백색인종인 영국과 미국이 권력이나 세력을 휘둘러 유색인종인 아시아를 침범하는 사태를 종식시키고 아시아를 해방시키기 위한 자구책의 일환으로 일본이 대동아전쟁을 수행해야 한다고 주장한 것이다.

대동아전쟁을 황도세계유신전(皇道世界惟新戰)이라고 주장하면서 고마키는 "이제 미·영이 추락하는 종소리가 울리기 시작하였다. 미·영 양국에 대한 선전포고야말로 일본세계유신과 아시아 부활의 새벽종을 의미한다. (중략) 대동아전쟁은 결코 아시아 대륙의 동쪽 일부만을 대상으로 하여 협소한 규모와 낮은 이념을 지향해서는 안 될 것이다. (중략) 대동아전쟁은

28 小牧実繁ほか(座談会), 「大東亜における白禍を暴く-日本地政学的に見た東亜共栄圏-」, 『週間朝日』 1941年12月7日, p. 44. 이 학술회의에서의 발언을 보면 이들이 지정학을 학문으로 인식하지 않았음을 알 수 있다. 예컨대 교토학파의 무라카미(村上次男)는 "지정학은 세계의 지리·역사를 종합해 국가의 정책을 만들어 가는 과정이기 때문에 연구 성과물은 극비사항이며, 일반인에게는 공개되지 않는다."라고 언급하면서, 지정학은 독립된 학문이 아니라 학문의 한 응용 분야에 지나지 않는다고 주장하였다.(村上次男, 「日本地政学の末路」, 『空間·社会·地理思想』 第4号, 大阪市立大学文学部, 1999年, pp. 51-52)

황도세계를 빛내는 것이다."라고 천명하였다.[29] 또한 그는 대동아 건설에서 실천적 교육이 중요하다고 인식하였는데, 종래 구미의 식민지 교육은 식민 지배의 효율성 측면에서 시작되었지만, 일본의 교육 정책은 강하고 올바른 대동아 사람들을 육성하는 데 주안점을 두고 행해져야 한다고 보았다. 특히 대동아에 속하는 각 지역의 역사와 지리를 교육함으로써 그 지역의 세계사적 의미와 자신들의 모습을 돌아보고 일본의 신뢰 없이는 번영할 수 없음을 알게 하며, 보다 적극적으로 대동아에 참여하겠다는 자각을 가지게 해야 한다고 생각하였다.[30] 이와 같은 관점에서 고마키는 일중전쟁을 일본의 제국주의적 침략전쟁이 아닌 영국과 미국이라는 기득권 세력과 일본 간의 전쟁으로 인식하였다. 즉 황색인종의 지도국인 일본이 구미 세력의 지배로부터 아시아를 해방시키려는 것이 이 전쟁의 본질이라고 본 것이다.

고마키는 황국 일본을 중심으로 하는 대동아공영권 구상과 실천에 일본의 지리학자와 지정학자들이 동참해야 하며, 이때 기존의 학문적 사고, 즉 영미적 사고에서 탈피하여 일본 고유의 황도적 사고로 학문을 바라보아야 한다고 주장했다. 지정학 또한 일본의 독자적 특색을 갖추어야 한다는 것이다. 이러한 관점에서 고마키는 하우스호퍼의 독일식 지정학을 무

---

29 小牧実繁,「『大東亜戦争』宣言」,『週刊朝日』, 1941年2月28日, pp. 4-5.
30 小牧実繁,「思想戦と「日本地政学」: 小牧実繁のプロパンダ活動の展開とその社会的影響」,『人文学報(105)』, 京都大学人文科学研究所, 2014年, p. 100.

비판적으로 수용하는 데 거부감이 있었다. 독일의 생존권 이론은 '1민족 1국가론'과 밀접하게 결합되어 있었다. 게르만이라는 한 민족만을 중심으로 하는 이러한 사고는 다민족과 다문화, 그리고 1체제를 기반으로 하는 지역공동체 구상인 대동아공영권과 잘 맞지 않았다. 당시 일본의 지리학자와 지정학자 대부분은 독일지정학의 생존권 이론이 일본지정학에서도 중요한 의미를 지닌다고 생각했지만, 고마키는 달랐다. 그는 독일지정학이 대동아의 체제 유지 이론으로는 부족하다고 보았다. 그는 동아시아의 다민족과 다문화를 흡수하고 포용할 수 있는 이념 혹은 사상적 일체감, 그리고 서구와 구별되는 동양적 세계관과 질서가 내포된 일본지정학의 확립이 절실하며, 여기에는 당연히 아시아의 지리적 인접성과 동문동종(同文同種), 그리고 황도사상이 반영되어야 한다고 생각했다.[31] 1민족 1국가를 기반으로 하는 독일지정학이 인종차별주의라는 패도(覇道)를 추구한다고 본 고마키는 일본지정학이야말로 황도주의 사상에 입각한 일본 정신의 발현이고, 따라서 아시아의 공존과 공영을 지향하는 이른바 아시아 연대라는 범아시아적 개념을 내포해야 한다고 생각했다.

1940년 8월 「일본지정학선언(日本地政学宣言)」에서 고마키는 이렇게 말한 바 있다. "일본지정학은 황도에 의거하여 시대의 전환을 위해 근세 유럽이 자행한 세계 왜곡 현상을 지적하

31 앞의 논문, 채수도, 「대동아공영권 구상과 지정학적 사고」, p. 418.

고, 현 상황을 거부하면서 부정과 모순, 왜곡과 불합리를 조장하는 유럽적 세계 질서를 적극적으로 파괴하기 위한 구체적인 전략과 방침을 제시할 것이다. 당연히 있어야 할 세계 본연의 모습을 현시하면서 미래의 세계 신질서 건설을 위한 설계를 세울 것이다." 이러한 발언에 이어 그는 일본지정학이 당연히 제국주의 전쟁에 협력하여야 한다고 공식적으로 선언하였다.[32] 따라서 교토학파의 핵심 인물이었던 고마키의 일본지정학은 황도를 지도이념으로 삼아 일본의 주체성을 중시한 독자적인 지정학이며, 대내외적으로 일본제국주의의 침략 정책을 옹호하고 정당화하기 위해 만들어진 논리 체계였다고 할 수 있다.

한편 이러한 고마키식 일본지정학을 비판하면서 새로운 일본지정학을 주창한 이들도 있었는데, 그 대표적인 인물로는 미야가와 젠조(宮川善造)를 들 수 있다. 그는 하우스호퍼의 독·일·소 3국 대륙블록 결성을 무비판적으로 받아들인 기존의 지정학을 비판하면서 "당면한 대동아공영권의 임무에 충실한 지정학을 안출(案出)하기 위해 노력하였지만, 황도를 지나치게 중요시한 결과 학문적 기반이 사라지게 되었다. 지정학의 과학적 빈곤을 탄식하면서 연구를 진행하고 있다."라고 토로하였으며, 고마키식 지정학을 만주지정학으로 대체하자고 주장하였다.[33]

---

32 앞의 책, 『日本地政学宣言』, p. 178.
33 柴田陽一, 「建国大学における地理学者とその活動」, 『史林』 第4巻5号, 史学研

그런데 이와 같은 미야가와의 주장에는 무엇보다도 일본군사력의 한계라는 현실 인식이 크게 작용하였다. 즉 그는 일본이 러일전쟁에서의 승리로 만주뿐 아니라 중국의 일부도 차지할 수 있다고 확신하였지만, 중국 동북부는 여전히 열강의 쟁탈지이며 일본이 가진 것은 만주 연선(沿線)에 대한 영유권뿐임을 직시하고 있었다. 더욱이 주변국의 움직임이나 국제정보를 신속하게 습득하고 분석하여 그 대비책을 마련하지 않으면 만철(남만주철도주식회사)마저도 안정적으로 운영하지 못하게 될 것이라고 예상하였다. 미야가와는 만주를 둘러싼 위기를 극복하고 이 지역을 일본의 영향권 아래 두기 위해서는 만주에 대한 선제적인 지배가 필요하다고 판단하고, 새로운 생활공간의 확보라는 차원에서 만주의 일본 영토화를 골자로 하는 이른바 '만주지정학'을 제창하였다. 그리고 이러한 그의 구상은 일본의 대외 정책에 실제로 반영되었다. 1942년 일본 기획원에서 작성한 『자료10 황해·발해 지역 국토계획 요강안, 쇼와 17년 10월 10일(資料10 黄海渤海地域国土計画要綱案, 昭和 17, 10. 10)』에 다음과 같은 내용이 언급되고 있기 때문이다. "대동아공영권의 중핵 지역에 해당하는 일만지[日滿支, 일본, 만주, 지나(중국): 필자]는 대동아권의 확충 발전에 동반되어 더욱더 유대 관계를 강화시켜 갈 필요가 있다. 특히 지정학적 단일체로 주목해야 하는 황해와 발해 지역은 역사적·

究会, 2002年, p. 90.

지리적 조건, 인구의 양적·질적 조건, 물적 자원의 우위성에서뿐만 아니라, 기반산업과 국방상의 필요성 면에서도 중요한 지역이다. 따라서 가급적 신속하게 이 지역을 중심으로 하는 국토계획을 수립하여 대동아국토계획 획정의 첫 번째 사업으로 삼아야 할 것이다."[34] 이 글대로라면 만주는 대동아공영권의 구축과 발전에 있어 하나의 변수가 아니라 필수불가결한 상수이다. 그리고 바로 이런 점에서 미야가와의 주장과 일치한다.

하지만 이러한 논리가 대륙블록 이론과 고마키의 일본지정학을 부정했다고 보기에는 무리가 있다. 오히려 배타성과 독점성을 더욱 강조하면서 차별화를 시도했다고 보아야 할 것이다. 분명한 사실은 고마키를 비롯한 당시 일본의 지정학자들이 자국 정부의 침략 정책에 이론적 토대를 제공하였으며, 나아가 선구적인 역할을 수행하였다는 점이다.

특히 [표 1]과 [표 2]에 의하면 교토학파와 황전회 구성원들은 당시 사회적 상황을 고려하였을 때 최고의 지적 수준을 지닌 일본 육군 최고의 싱크탱크(Think Tank)였고, 따라서 일본의 국가적 방향과 목표도 함께 설계할 수 있는 능력을 갖추고 있었음을 알 수 있다.

34 高木彰彦,「戦時下日本における国土計画と地政学」,『史淵(156)』, 九州大学大学院人文科学研究院歴史学部門, 2019年, p. 70 재인용.

제3절 | 이모토 노부유키(飯本信之)의 '일본지정학협회'

일본지정학협회(日本地政學協會)는 1941년 11월 10일 도쿄 우에노(上野)의 정양헌(精養軒)에서 첫 모임을 가졌다. 이날 모임에는 회장 우에다 요시타케(上田良武)와 상임이사 이모토 노부유키를 비롯하여 모리에 미치오(守屋美智雄), 사토 히로시(佐藤弘), 가미카와 히코마쓰(神川彦松) 등 40여 명이 참여하였는데, 이들 대부분은 도쿄대 출신이었다. 협회가 창립되기까지 이모토가 중요한 역할을 담당하였지만, 당시 해군 중장이었던 우에다 회장의 강력한 요청이 가장 중요한 설립 동인인 것으로 알려져 있다. 다카기 아키히코는 자신의 논문 「잡지 『지정학』에 나타나는 일본지정학의 특징(雑誌『地政学』にみる日本の地政学の特徴)」에서 일본지정학협회는 "회원의 대부분이 학사, 박사 신분을 가진 학자이므로 연구 단체이다."[35]라고 밝히고 있지만, [표 3]에 의하면 이 협회 또한 해군지도부의 외곽 단체에 가까웠다고 판단된다. 이는 협회의 회장이 학자가 아닌 군인이며, 참가자 중 다수가 군인 또는 정치가였다는 사실에 근거한 분석이다. 당시 일본 해군지도부가 해양지정학 관련 단체 설립을 이미 계획하고 있었고, 그 일환으로 일본지정학협회가 설립되었다는 점도 이 협회를 순수한 학술단체로 보기 어려운 이유 중 하나다.

---

35 高木彰彦, 「雑誌『地政学』にみる日本の地政学の特徴」, 『史淵(146)』, 九州大学大学院人文科学研究院, 2009年3月, p. 188.

일본지정학협회는 협회 강령에서 협회 목표를 다음과 같이 명시하고 있는데, 이는 일본 정부의 대내외 정책 추진에 적극적으로 협력하겠다는 집단적 의사를 천명한 것이라고 볼 수 있다. "본 협회는 지정학을 연구하고, 무엇보다도 일본 및 그 생활권을 중심으로 하는 육해공간(陸海空間)을 지정학적으로 조사·연구하여 일본의 고도국방국가(高度国防国家) 건설이라는 국책에 기여하고자 한다."[36] 협회의 이러한 활동 성격은 협회 기관지인 『지정학(地政学)』에서도 찾아볼 수 있는데, 여기에는 "일본의 지정학은 고도국방국가 체계 수립에 기여해야 하며, 총력전 체제라는 틀 속에서 그 기능을 완수하여야 한다."라는 주장이 게재되었다.[37] 협회 구성원들과 그들의 면모는 [표 3]과 같다.

[표 3] 일본지정학협회(日本地政学協会)

성명	직위	학력	비고
上田良武	회장	해군병학교	1908~1912년 미국에 파견되어 미국 주재 무관. 1923년 항공기 시험소장 및 해군기술연구소 근무. 1924년 해군 소장. 1927년 해군항공본부 기술부장에 취임하여 일본 항공전략에 기여. 1928년 해군 중장.
飯本信之	상임이사	도쿄대학	일본 최초로 '지정학(地政学)'이라는 용어를 사용한 학자. 일본지리학회장(1956~1958년). 오차노미즈(お茶の水)여자대학의 초대 문교육학부장. 니혼대학 자연과학연구소장. 고마자와(駒沢)대학 교수.
井口一郎	이사	도쿄대학	만주 건국대학(建国大学) 교수(1943~1945년). 『国民新聞』 기자. 『大阪時事新報』 기자.
川原次吉郎	이사	도쿄대학	일본 주오대학 교수.

36 앞의 논문, 「雑誌『地政学』にみる日本の地政学の特徴」, p. 187; 上田良武, 「機関紙『地政学』の使命」, 『地政学』 第1巻1号, 日本地政学協会, 1942年, pp. 1-2.
37 앞의 논문, 「雑誌『地政学』にみる日本の地政学の特徴」, p. 191.

성명	직위	학력	비고
守屋美智雄	이사	도쿄 대학	지리역사연구회장. 일본지리교과서(中等学校教科書) 편찬의 권위자. 도쿄대학 교수. 조치(上智)대학장.
吉川満季	감사	도쿄 대학	
広田夫	간사	도쿄 대학	
岡田武松	고문	도쿄 대학	일본의 기상학자. 제4대 중앙기상대장.
神川彦松	고문	도쿄 대학	1923년 도쿄대학 법학부 교수. 국제정치학자.
村川堅固	고문	도쿄 대학	1900년 육군대학 촉탁교수. 도쿄대학 교수.
秋岡武次郎	평의원	도쿄 대학	일본의 지리학자. 1921년 육군사관학교 교수. 법정대학 교수.
秋保一郎	평의원	도쿄 대학	일본 국제정치학회 이사.
阿部市五郎	평의원	도쿄 대학	『地政治華人門』, 『地政治拳の史的発展』 등 출간.
井口一郎	평의원	도쿄 대학	일본지정학협회(日本地政学協会) 이사.
飯本信之	평의원	도쿄 대학	일본지정학협회 상임이사.
石井清彦	평의원	도쿄 대학	1932년 『地質調査所報告』 第112号(동경지리협회) 출간. 상공기사(商工技師).
植田捷雄	평의원	도쿄 대학	1930년 동아동문서원(東亜同文書院) 교수. 도쿄대학 교수.
内田寛一	평의원	교토 대학	일본의 지리학자. 1946년 도쿄대학 교수. 일본지리교육학회장 및 일본지리학회장.
上田良武	평의원	해군병 학교	일본지정학협회 회장.
江澤譲爾	평의원	히토쓰 바시 대학	일본의 지리학자. 1955년 히토쓰바시(一橋)대학 교수. 센슈(専修)대학 교수.
川原篤	평의원	도쿄 대학	「大東亜戦争と海洋勢力の確立」, 『大東亜戦争と世界』 출간. 「国際政治の発展と広地域主義」 발표.
川原次吉郎	평의원	도쿄 대학	일본지정학협회(日本地政学協会) 이사.
神川彦松	평의원	도쿄 대학	1923년 도쿄제국대학 법학부 교수. 1950년 메이지(明治)대학 교수.

성명	직위	학력	비고
木下亀城	평의원	도쿄대학	1925년 상공성지질조사소(商工省地質調査所)에 근무. 1933년 규슈(九州)대학 교수. 1960년 니혼(日本)대학 교수.
黒正巌	평의원	교토대학	교토대학 교수. 1935년 일본경제지리학회 이사장. 일본의 경제학자.
佐藤弘	평의원	도쿄대학	1922년 이모토 노부유키(飯本信之)와 함께 도쿄 대학 졸업. 히토쓰바시(一橋)대학 교수.
田中薫	평의원	도쿄대학	1946년 귀족원 자작의원. 고베(神戸)대학 경제학부 교수. 세이조(成城)대학 교수.
田中啓爾	평의원	쓰쿠바대학	1952년 일본지리학회장. 1947년 릿쇼(立正)대학 교수.
田中直吉	평의원	교토대학	호세이(法政)대학 교수. 일본국제정치학회 이사장. 『日韓関係』 발표.
高橋純一	평의원	도쿄대학	1921년 도호쿠(東北)대학 교수. 도호쿠대학 이학부장(理学部長). 일본의 지질학자.
辻村太郎	평의원	도쿄대학	일본의 지리학자. 1923년 도쿄대학 교수. 일본지리학회장.
鳥山喜一	평의원	도쿄대학	1928~1945년 서울대학교 교수. 가나자와(金沢)대학 교수.
英修道	평의원	게이오대학	장남은 의학박사(게이오대학 의학부 졸업). 차남은 외교관(게이오대학 경제학부 졸업). 3남은 요코하마(横浜)고무 근무(게이오대학 법학부 졸업). 장녀(게이오대학 문학부 졸업).
松下正壽	평의원	릿쿄대학	릿쿄(立教)대학 교수. 1946년 극동국제군사재판(동경재판)에서 도조 히데키(東條英機) 변호인. 1968년 참의원 의원.
守屋美智雄	평의원	도쿄대학	일본지리학협회 이사.
渡邊武男	평의원	도쿄대학	아버지(渡辺寿)는 육군 중장. 1942년 홋카이도(北海道)대학 교수. 1944년 도쿄대학 교수.
阿部信行	찬조원	육군사관학교	육군 대장. 내각총리대신(제36대). 외무대신(제59대). 익찬정치회 총재(초대). 조선 총독(제9대). 귀족원 의원.
石橋五郎	찬조원	도쿄대학	일본의 대표적인 지리학자로서 교토지리학파의 기초를 만듦. 1919년 교토대학 교수. 문하(門下)에 고마키(小牧実繁) 등이 있음.
今井登志喜	찬조원	도쿄대학	1923년 도쿄대학 교수. 1926년 문부성 재외연구원(구미에 유학).
加藤武夫	찬조원	도쿄대학	1920년 도쿄대학 교수. 일본 광상학(鉱床学)의 발전과 체계화에 공헌.

성명	직위	학력	비고
高木友三郎	찬조원	도쿄 대학	1918년 호세이(法政)대학 교수. 1942년 도쿄시의회(市会) 의원에 당선. 전후 GHQ에 의해 공직 추방(교수직에서 퇴임). 변호사 자격 취득. 1951년 니혼(日本)대학 법학부 교수.
永井柳太郎	찬조원	와세다 대학	일본의 정치가(헌정회, 입헌민정당). 대일본육영회(大日本育英会) 창립자. 1920년 14회 총선거에서 당선하여, 이후 연속 8회 국회의원 당선. 민정당 간사장. 사이토 내각(齋藤内閣)에서 탁무대신. 제1차 고노에 내각(近衛内閣)에서 체신대신. 아베 내각(阿部内閣)에서는 철도대신과 체신대신 역임.
藤原咲平	찬조원	도쿄 대학	1918년 오사카(大阪) 임시출장소장. 1919년 주오(中央) 기상대에서 근무. 1924년 도쿄대학 교수.
山根新次	찬조원	도쿄 대학	1929년 규슈대학 교수. 1935년 상공성 지질조사소 소장. 1949년 시마네(島根)대학 학장.
有高巌	참여자	교토 대학	도쿄대학 교수.
帷子二郎	참여자	도쿄 대학	일본의 지리학자. 1949년 나라(奈良)여자대학 교수. 1955년 덴리(天理)대학 교수.
金生喜造	참여자	쓰쿠바 대학	일본의 지리학자 및 지정학자. 니시니혼(西日本)신문 기자.
国松久弥	참여자	도쿄 대학	일본의 경제지리학자. 1949년 지바(千葉)공업대학 교수. 센슈(専修)대학 교수. 가나자와(金沢)경제대학 교수.
幸田清喜	참여자	도쿄 대학	일본의 지리학자. 쓰쿠바(筑波)대학 교수. 게이아이(敬愛)대학 교수.
下村彦一	참여자	도쿄 대학	일본의 지리학자. 1925년 히로시마(広島)대학 교수. 1950년 히로시마(広島)지리학회 창설 및 회장.
武見芳二	참여자	도쿄 대학	도쿄대학 조수. 쓰쿠바(筑波)대학 강사.
多田文男	참여자	도쿄 대학	1933년 도쿄대학 교수. 1960년 국제지리학연합 부회장.
内藤智秀	참여자	도쿄 대학	1929년 오차노미즈(お茶の水)대학 교수. 국학원대학 교수. 게이오대학(慶應義塾) 교수.
花井重次	참여자	도쿄 대학	일본의 지리교육학자. 1929년 쓰쿠바(筑波)대학 교수. 1966년 야마나시현립여자단기(山梨県立女子短期)대학 학장.
綿貫勇彦	참여자	도쿄 대학	일본의 지리학자. 1931년 고마자와(駒沢)대학 교수 및 호세이(法政)대학 교수.

출처: 高木彰彦, 「雑誌『地政学』にみる日本の地政学の特徴」, 『史淵』, 九州大学大学院人文科学研究, 2009年; 福嶋依子, 「地理学の方法論敵反省と地政学」, 『お茶の水地理(32)』, お茶の水地理学会, 1991年 등을 참고하여 재구성.

이 표에 따르면 우에다(上田良武) 해군 중장이 회장을 역임하고 있음을 알 수 있는데, 이는 협회와 해군성의 관계가 밀접함을 의미한다. 협회 회원의 대다수가 학사·박사학위 취득자라는 점도 협회의 성격을 규정하는 데 매우 중요한 자료이다.

상임이사 이모토 노부유키는 일본지정학협회 창설의 핵심 인물로, 일본지정학 전개 과정에 지대한 영향을 미쳤다. 그는 1925년과 1926년 『지리학평론(地理学評論)』에 「인종투쟁의 사실과 지정학적 고찰」이라는 논문을 3회에 걸쳐 게재하는 등, 서구지정학의 방법론을 처음으로 일본학계에 소개하면서 일본지정학 형성에 주도적 역할을 하였다. 특히 그는 국가유기체론에 입각한 생활공간 이론을 수용하여 국외 공간 확보에 많은 관심을 기울였다. 그는 자신의 지론을 다음과 같이 밝힌 바 있다. "국가의 영고성쇠소장(榮枯盛衰消長)은 인간의 생활공간을 얼마만큼 확보하느냐에 달려 있으며, 항상 확장력을 신장해야 한다."[38] 또한 그는 지정학을 "자연경역(景域)과 문화경역에 대한 국가의 의존성, 즉 국가의 지적기속성(地的羈束性)을 다루는 학문이며, 국가의 지리적 실체 및 형체에 관한 학문이다."라고 정의하였다. 1931년에 발표한 「국가와 생활공간(国家と其の生活空間)」이라는 논문에서도 그는 "생활공간의 획득은 일반적으로 경제적 활동 가능성 및 정주(定住) 가능성을 높이는 것을 의미하지만, 그렇지 않은 경우에도 공간 획

38 앞의 논문, 「대동아공영권 구상과 지정학적 사고」, p. 417.

득은 정치적 활동범위의 보호와 증대를 의미한다. 공간 획득은 한 국가에 폭넓은 생존 조건을 부여하고 정치적 유기체로서 국가의 생활력을 증대시킨다. 그러므로 공간 획득에 대한 욕구는 국가의 핵심요소인 국민에게 내재한 본능적 욕구이며, 공간 획득을 위한 투쟁은 국가생활의 본질적 과정이다."[39] 라고 기술하고 있는데, 이는 그의 지정학이 라첼의 국가유기체론과 하우스호퍼의 생활공간 이론에 기초하고 있음을 보여 준다. 이모토는 이러한 인식을 바탕으로 "자연환경은 인간의 생활에 어울리는 형태로 갖추어져야 한다. (중략) 고도국방국가는 국가의 생활력을 적극적으로 보장하기 위한 광역권을 설정하여 자급자족 경제 체제를 확보해야 한다는 절대적 필요성에 따라 다른 많은 지역을 지배해야 한다. (중략) 국가는 그러한 방향에서 영역 확대를 지향하는 것이 당연하다."라고 주장하였다.[40]

그는 또 "인간의 삶은 토지를 벗어나서 생각할 수 없기 때문에 인종문제와 생활공간은 불가분의 관계에 있다. 나의 지정학 연구는 이러한 인식에서부터 출발하고 있다."라고 언급하였다.[41] 나아가 그는 백인종이 영토 확장을 자행하여 인구분포의 불균형을 가져왔으며, 장래 야마토 민족이 살아갈 생활공간이 무엇보다도 절실하다고 주장하였다. 이러한 관점에

39 앞의 논문, 「대동아공영권 구상과 지정학적 사고」, p. 417.
40 日本地誌學会編, 『日本地誌學(1)』, 中興館, 1942年, pp. 95-96.
41 飯本信之, 「人種闘争の事実と地政学的考察(二)」, 『地理学評論』 第1巻10号, 日本地理学会, 1925年, p. 18.

서 이모토는 "대전(大戰)을 계기로 세계의 지리학은 '생활공간에 존재하는 인류'라는 점을 강조하는 경향이 더욱 짙어졌을 뿐만 아니라, 경제지리학 및 정치지리학적 요소가 고찰의 중심이 되었다. 즉 세계대전의 영향을 받은 지리학은 경제지리학적 성질을 가짐과 동시에 다른 한편으로는 정치적 제(諸) 문제가 그 전면에 나타난 결과로 정치지리학적 측면이 현저하게 대두하였다. 그 대표적인 국가가 독일이다."라고 지적하면서, 독일지정학을 적극적으로 도입할 것을 주장하였다.[42] 라첼의 『정치지리학(政治地理学)』에 언급된 '국가의 공간적 증대 법칙'에 특히 주목[43]한 그는 이 법칙에 근거하여 대동아공영권이라는 광역경제권을 설정하고 영역확대를 지향하였으며, 그 구체적인 실현방안으로 하우스호퍼의 지역블록 개념을 수용하였다. 하우스호퍼는 국가 간의 경쟁은 지구상의 생활공간을 추구하는 경쟁이며 국가가 생존하고 발전하기 위해서는 자원이 필요하다고 지적하면서, 자원획득에 필수적인 영역을 범(汎)지역으로 규정한다. 이에 따르면 세계는 머지않아 독일이 지배하는 범유로아프리카, 미국이 지배하는 범아메리카, 러시아가 지배하는 범러시아, 일본이 지배하는 범아시아라는 통합지역으로 분할될 수밖에 없는 운명에 놓여 있다는 것이다.[44] 이러한 하우스호퍼의 논리를 대단히 현실적인 구상이라

42 飯本信之,「所謂地政学の概念」,『地理学評論』第4巻1号, 日本地理学会, 1928年, p. 68.
43 앞의 논문, 飯本信之,「所謂地政学の概念」, p. 81.
44 河野収,『地政学入門』, 原書房, 1981年, pp. 40-44; 앞의 논문, 이진일,「'생존

고 인식한 이모토는 이를 일본지정학의 근간으로 삼고자 하였다.

범아시아 개념의 구체적인 형태라고 할 수 있는 대동아공영권에 대해 아리타 하치로(有田八郎) 외무장관은 1938년 11월경에 이렇게 주장했다. “대동아공영권 창설을 위한 일본의 계획과 관련하여 해외에서 심각한 오해가 만들어지고 있는 듯하다. 즉 일본이 동아시아에 대한 배타적인 지배권을 설정하고, 그 공간 안에서 모든 이윤을 차지하기 위하여 대동아공영권이라는 개념을 급조하였다고 인식되고 있는 듯하다. 하지만 대동아공영권은 일본의 독자적인 발명품이 아니며, 더욱이 일본이 다른 국가들을 배제하고 동아시아 지역을 독점하고자 하는 의도로 만들어진 방안도 아니다.”[45] 이는 물론 일본의 일방적인 지역통합을 합리화하기 위한 자기방어적 논리에 불과하며, 아울러 대동아공영권이 독일지정학이라는 외부의 논리 체계를 일본화한 것임을 그대로 드러낸 발언이다. 지리학자 다케우치 게이치(竹内啓一)도 “독일은 1930년대에 들어서면서 유럽 신질서라는 새로운 슬로건을 제창하기 시작하였다. 이것이 일본의 지도자들로 하여금 후일 대동아공영권으로 발전될 아시아 신질서를 만들어 내도록 직간접적으로 자극하였다.”라고 주장하면서 대동아공영권이 독일지정학의 영

공간’(Lebensraum)과 ‘大東亜共栄圈’ 담론의 상호전이-칼 하우스호퍼의 지정학적 일본관을 중심으로」, p. 216.

45 앞의 논문, 이진일, 「‘생존공간’(Lebensraum)과 ‘大東亜共栄圏’ 담론의 상호전이-칼 하우스호퍼의 지정학적 일본관을 중심으로-」, p. 222 재인용.

향을 받았음을 지적한 바 있다.[46] 특히 일본지정학협회 회원이었던 사토 히로시(佐藤弘)는 "하우스호퍼가 일본제국과 관련하여 제시한 지정학적 논리에 의하면, 일본은 인도양에서부터 말레이시아, 필리핀을 거쳐 중국 연안에 이르는 몬순(Monsoon) 지역 전체를 통합해야 한다. 이는 일본이 대동아공영권을 건설하고 남양까지 진출하는 운명의 길로 나아가야만 함을 의미한다."라고 주장하였다.[47] 이러한 사토의 논리는 일본지정학이 독일지정학에 근거하고 있음을 보다 직접적으로 나타내고 있다.

일본지정학협회는 이른바 도쿄학파로 인식되기도 하는데, 전술한 바와 같이 이 단체가 당시 일본 정부의 제국주의 정책에 협력하였다는 것은 분명한 사실이다. 예컨대 이 협회 강령에는 "본 협회는 직분봉공(職分奉公)의 정성을 다하여 일본지정학의 과학적 육성에 전력함과 동시에 창의적 능력을 최고도로 발현하여 황국의 이념 및 체제에 부합하는 국방과학 체계 수립에 기여할 것이다."라고 적혀 있다. 또 "지정학을 연구할 때 일본 및 그 생활권을 중심으로 하는 육·해 공간을 지정학적으로 조사·연구하여 일본의 고도국방국가 건설이라는 국책 실현에 기여한다."라고 규정되어 있다.[48]

---

46 앞의 논문, 이진일, 「'생존공간'(Lebensraum)과 '大東亜共栄圏' 담론의 상호 전이-칼 하우스호퍼의 지정학적 일본관을 중심으로-」, p. 222 재인용.

47 Hiroshi Sato, Nanpo Kyoeiken no zenbo(Tokyo 1943), p. 5, C. Spang, Karl Haushofer und Japan, p. 631.

48 杉野圀明, 「経済地理学と世界経済」, 『立命館経済学』 第19巻4号, 立命館大学経済学部, 1976年, p. 28.

실제 활동 면에서도 일본지정학협회는 일본 본토, 조선, 만주, 사할린 등지에서 여러 차례 연구회와 강연회를 개최하였으며, 기관지를 비롯하여 팽창 논리를 합리화하는 지정학 관련 도서들도 다수 출판하였다. 동 협회가 주관한 모임에 참가한 사람들은 대부분 초·중등학교 교원들이었으며, 특히 지리와 역사 과목 교사들이 많았다. 일본지정학협회의 기관지인 『지정학(地政学)』은 1942년 1월부터 1944년 9월까지 매월 간행되었고, 총 103편의 논문 및 자료들이 게재되었다. 이 기관지는 주로 대동아공영권 구상과 실천의 정당성에 관한 내용들을 수록하였으며, 부분적으로 국토개발과 지역연구 그리고 지리교육 등의 내용도 담았다. 예컨대 회원 가미카와 히코마쓰(神川彦松)는 동아 신질서 건설을 의식하면서 자연적·문화적 공동체로서의 광역공동체론을 제시하였다. 또 회원 가하라(川原次吉郎)는 일본지정학의 중심 과제는 공영권의 문제라고 지적하면서, 지리적 공간이 정치적 활동에 어떠한 영향을 미치는가를 지정학의 과제로 수용하고, 대동아를 하나의 광역권으로 이해해야 한다고 하였다.[49]

일본지정학협회가 대동아공영권 구상의 이념과 논리를 제공하였으며, 그 바탕이 독일지정학이었다는 사실은 사토 히로시(佐藤弘)의 주장에 좀 더 명확하게 나타나 있다. 그는 “일본지정학은 일본이 대동아공영권을 건설하는 과정에서 인지

---

49 佐藤健, 「日本における地政学思想の展開」, 『北大法学研究科ジュニア·リサーチ·ジャーナル(11)』, 北海道大学院 法学研究科, 2005年, pp. 128-129 재인용.

한 필요성에 기인한다. (중략) 대동아공영권 6억 인구에게 주어진 공간은 1천만 평방킬로미터이지만, 범아메리카연맹 2억 7천만 인구에게 제공된 공간은 4천만 평방킬로미터이다. 대동아공영권의 면적이 대단히 좁다고 볼 수 있으며, 특히 일만지(日滿支)는 식량 문제에서 자유롭지 못하다. 지정학적 조건이라는 측면에서 태평양을 사이에 둔 동서 양 지역은 현격한 차이를 보이고 있다. 게다가 미국은 자신들의 공간은 엄격하게 봉쇄하면서 동아시아 지역에 대해서는 문호 개방을 강하게 요구하고 있다."라고 지적하면서, 생활공간의 확보가 얼마나 중요한가를 강조하였다.[50] 특히 사토는 한반도를 비롯한 대륙으로의 진출과 함께 해양으로의 진출도 다음과 같이 강력하게 주장하였다. "지정학적 관점에서 본다면 해양은 새로운 가치를 가지게 된다. 모든 해양은 연속적 일체로 이루어져 육지를 포위하고 있기 때문에 도서(島嶼)는 물론이고 대륙조차도 해양에 떠 있는 하나의 섬에 불과하다. 또한 아무리 작은 해안일지라도 대양으로 이어진다. 따라서 인간이 확보할 수 있는 생활공간은 결국 바다를 통할 수밖에 없다. (중략) 해양은 국가 간의 우호 관계를 가능하게 할 수도 있지만, 대륙보다 한층 더 포괄적인 정치·경제적 관계 속에서 적대 관계를 형성할 수도 있다. (중략) 해양은 대륙보다 교통이 용이하여 최대한의 팽창 가능성을 부여함과 동시에 정치적 지배권의 확

---

50 佐藤弘,「太平洋の地政治学」,『人橋論叢』第7巻3号, 波書店, 1941年, p. 242, p. 251.

대도 가능케 할 수 있다. (중략) 대영제국의 경우를 보면, 협소한 국가라도 해양을 지배하면 많은 국가를 지배할 수 있다는 점에 모두 동의할 것이다." 아울러 사토는 러시아가 해양 진출을 위해 부동항을 확보하고자 끊임없이 노력하였지만, 튀르키예와 일본으로 인해 실패하였다고 지적하기도 하였다.[51]

사토는 "만주사변도 점차 장기화 단계로 접어들고 있지만, 그 목표는 1938년 11월 3일 제국성명에 명시된 바와 같이 동아시아의 영구 평화와 안정을 확보하기 위한 신질서 건설에 있다. 이 신질서의 핵심은 일만지 3국이 서로 제휴하여 정치, 경제, 문화 전반에 걸쳐 상호 연대 관계를 수립하는 것이다. 이는 이 지역에서 국제적 정의, 공동방공, 신문화 창조, 경제 통합의 실현을 의미한다고 할 수 있다."라고 주장하면서, 사실상 지정학적 사고에 기반한 지역블록 내지 광역경제권 구축을 제안하였다. 이러한 그의 구상은 일본과 만주 그리고 중국이 각자의 독립을 유지하면서 상호 제휴하여 서구 제국주의 세력에 대항한다는 논리를 내세운 당시 일본 정부의 동아 신질서론, 동아연맹론, 동아협동체론 등과 내용적 연계성을 가진다.[52] 일본지정학협회 회원 에자와 조지(江沢譲爾: 一橋大学)도 사토와 유사한 주장을 하였다. 그는 "구질서를 지탱하고 있던 사상들을 비판하고 신질서 구축의 동기를 부여한다

51 飯本信之, 「世界政策の交通地理的概観(二)」, 『地理学評論』 第3巻2号, 日本地理学会, 1927年, pp. 10-11.
52 앞의 논문, 杉野圀明, 「経済地理学と世界経済」, pp. 15-16.

는 점에서 지정학이 기여하는 부분은 적지 않다."라고 지적하면서, 지정학적 논리를 근거로 일본에 의한 동아시아 신질서의 구축, 즉 대동아공영권 구축을 보다 적극적으로 추진해 나가야 한다고 주장하였다.[53] 나가이 류타로(永井柳太郎)는 특히 만주 지역에 주목하였다. 그는 "일본의 만주국에 대한 중대한 사명은 만주국 3천만 민중과 협력하여 강고한 경제기구를 완성하는 것에 있다."라고 주장하면서 일본과 만주의 일체화를 강조하였다.[54] 그는 일본의 생존권 확보 차원에서 영미 중심의 세계 질서를 거부하고 동아시아에서 일본과 만주를 중심으로 한 지역블록을 구축해야 한다고 주장하였는데, 여기에는 당시 세계가 4개의 블록으로 분화되어 있다는 인식이 큰 영향을 미쳤다. 즉 나가이는 일본이 미국·영국·유럽·소련을 각각의 중심축으로 한 경제블록들에 대항하기 위한 자위적 수단을 마련해야 하며, 이를 위해서는 일·만을 핵심으로 하는 자급자족 경제권 구축이 가장 본질적이고 적합한 방안이라고 판단하였다.

이와 같이 일본지정학협회 회원들은 일본의 제국주의 정책 수립과 추진에 크게 기여하였다. 일본지정학협회는 대동아공영권 구축이라는 당시 일본의 국가적 목표 수립에 이념적 기반을 제공하였을 뿐 아니라, 대외 팽창 정책을 실질적으로 추

53 柴田陽一,「日本における訳語「地政学」の定着過程に関する試論·補遺」,『空間·社会·地理思想(22)』, 大阪市立大学文学部地理学教室, 2019年, p. 26.
54 坂本健蔵,「永井柳太郎の日満ブロック論」,『法政論叢』第46巻1号, 日本法政学会, 2009年, pp. 76-77.

진해 나가는 데 있어서도 방법론적인 기여를 마다하지 않았음을 알 수 있다. 그들의 이론적 무기는 독일의 지정학을 일본화한 이른바 일본지정학이었다. 요컨대 일본지정학협회는 그 창설 과정과 구성원의 사회적 위치, 그리고 활동 양상에 비추어 볼 때, 당시 일본 정부와 군부(해군성)의 싱크탱크 역할을 수행한 단체였다고 할 수 있다.

제3장

지정학적 지역통합 논리

제3장

지정학적 지역통합 논리

제3장에서는 대동아공영권의 핵심인 지역블록화와 국방권역 체제 구상에 대해 규명하고자 한다. 히틀러의 정치 고문이기도 했던 지정학자 칼 하우스호퍼(K. Haushofer)의 생존권 이론은 일본 중심의 지역블록화에 지정학적인 논리를 접목하는 데 크게 기여하였다. 이 생존권 이론에 의해 탄생한 것이 대동아공영권 구축 이론이다.

제1절 | 지역블록화

전술한 바와 같이 칼 하우스호퍼의 생존권 사상은 독일과 일본에 큰 영향을 끼쳤다. 독일의 경우 폴란드와 소련을 침략하는 단초를 제공하였고, 일본에서는 '범아시아 통합지역' 개념이 만주 및 중국 침략으로 표출되어 대동아공영권으로 연계되는 계기가 되었다. 이 점에 주목하면서 제1절에서는 먼저

지역블록화에 대해 검토하고자 한다.

도쿠가와(德川) 막부 말기부터 일본 사회에는 대외 위기의식이 싹트기 시작했다. 이에 일본은 서구 자본주의 체제를 초극할 수 있는 범지역 이론에 입각한 일본 중심 지역통합을 모색하기 시작했다. 이러한 지역통합의 사상적 태동에 이념적으로 가장 근접했던 인물은 막부의 사토 노부히로(佐藤信淵)라고 알려져 있다. 사토는 『혼동비책(混同秘策)』(1818년)에서 "황국 일본은 지구상 최초로 성립된 국가로서 세계 만국의 중심"이라고 강조하였다. 그는 중국 대륙, 특히 만주를 범지역 이론의 핵심지역으로 포함시켜 만주가 천황제 국가인 일본에 복속되어야 한다고 주장하였다.[1] "우선 이즈(伊豆) 시치도(七島)에서 배를 출범시켜 남해의 무인도에 식민흥농사업(殖民興農事業)을 부흥시키고 오키나와를 발판으로 필리핀의 루손섬을 기습 점령하여 남진의 거점으로 삼아야 한다."라는 대목을 보면,[2] 지정학적 사고의 근저(根底)라고 할 수 있는 '생존공간' 개념을 최초로 생각해 낸 인물은 사토라고 할 수 있다.

동시대 사상가인 요시다 쇼인(吉田松陰) 또한 막부가 이미 미·러와 화친을 맺은 이상 반목해서는 안 된다면서 "북해도를 개척하고 오키나와와 조선을 취해야 한다. 만주를 누르고 중국을 약화시켜 인도로 나아가야 한다."라고 주장하였

1 植手通有, 「対外観の転回」, 『近代日本政治思想史Ⅰ』, 有斐閣, 1971年 참조; 碓井隆次, 「佐藤信淵と河上肇」, 『社會問題研究』 第21巻1·2号, 大阪社会事業短期大学社会問題研究会, 1971年, p. 6 재인용.

2 滝本誠一, 『佐藤信淵家学全集』, 岩波書店, 1927年, p. 826.

다.[3] 특히 그는 일본이 내란에 빠지는 것을 경계하였다. 그는 또 "미·러와 맺은 강화를 엄수해 신뢰를 쌓으면서 그 틈을 노려 부국강병을 이룩해야 한다. 취하기 쉬운 조선, 만주, 중국을 복속시켜 교역국인 러시아에서 손실한 부분을 보충해야 할 것이다."라고 말하기도 했는데,[4] 이는 그가 미국·러시아·영국 등 서구 열강과 맺은 불평등 조약의 손실을 조선과 중국이라는 '공간을 확보'함으로써 만회한다는, 생존공간 이론에 입각한 지정학적 사고를 가지고 있었음을 보여 준다. 이에 대해 쓰루미 슌스케(鶴見俊輔)는 사토와 요시다가 주장한 대륙 진출을 통한 공간 확보와 일본 중심 지역통합이 내용상으로는 다소 차이가 있지만 아시아적 유토피아 사상, 즉 대동아공영권 사상은 공유하고 있다고 보았다.[5] 따라서 이와 같이 생존권 이론과 밀접한 지정학적 사고는 이미 에도 시대에 태동하고 있었으며, 그 후 지역통합을 의미하는 대동아공영권으로 흡수·변모·발전하였다고 추론할 수 있다.

사실 '대동아공영권'이란 용어 자체는 1938년 육군성에서 작성한 국방국책안에서 처음 제시되었다.[6] 여기에는 다음과 같은 언급이 있다. "첫째, 국방의 목적은 동아공영권을 방위

---

3 金光男, 「「明治初期」日本のアジア外交について」, 『유라시아연구』 제8권 제4호, 아시아·유럽미래학회, 2011년 12월, p. 147 재인용.

4 山口縣教育會編纂, 『吉田松陰全集(八)』, マツノ書店, 2001年, pp. 422-423.

5 鶴見俊輔, 「幕末以来の日本人はどのように変わったか」, 『基督教研究』, 基督教研究會, 1964年8月, p. 108.

6 앞의 논문, 임성모, 「대동아공영권 구상에서의 '지역'과 '세계'」, p. 107; 兵頭二十八, 『近代未満の軍人たち: 兵頭二十八軍学塾』, 光人社, 2009年, pp. 186-194.

하는 데 있다. 둘째, 동아공영권은 자존권, 방위권, 경제권으로 이루어져 있다. 자존권은 야마토(大和) 민족의 주체가 생존하는 지역으로 그 범위를 일본, 만주, 북중국, 몽골로 한다. 방위권은 바이칼호 동쪽의 시베리아, 중국 본토, 버마 동쪽의 아시아(자바, 수마트라), 동경 170도 서쪽의 북태평양 해역 및 도서(島嶼)이다. 경제권은 동아공영권을 영위하는 데 필요한 생산자원 공급지역을 말하는 것으로 인도, 호주를 포함한다. 셋째, 동아공영권의 완성은 쇼와(昭和) 25년으로 예정한다. 넷째, 상기 시책을 달성하기 위해 일본, 만주, 북중국, 몽골을 중심으로 하는 지역 경제를 최고도로 발전시키며, 또한 사상 및 정치 형태의 완성에 노력한다. (중략) 여섯째, 대동아공영권의 완성을 위한 노력은 평화적인 수단에 의해 이루어져야 하지만, 어쩔 수 없을 경우에는 무력을 행사할 수도 있다."[7] 이는 일본의 대외 정책 수립에 적극 반영되어 1940년 4월「제2차 대외시책방침요강(第二次対外施策方針要綱)」, 동년 6월「종합국책십년계획(綜合國策十年計画)」, 동년 7월「기본국책요강(基本国策要綱)」이 수립되었다.

대동아공영권 건설의 중요한 정책이 되는「기본국책요강」서두에는 "지금 세계는 역사적으로 큰 변혁을 맞이하고 있고, 여러 개의 통합국가의 생성·발전을 통해 새로운 정치·경제·문화를 창출하고 있다."라며 광역경제권에 대해 언급하고 있

---

7 防衛庁防衛研修所戦史室,『戦史叢書 大本営陸軍部 大東亜戦争開戦経緯(1)』, 朝雲新聞社, 1973年, pp. 333-334.

다.[8] '여러 개의 통합국가'라는 언급은 서구의 식민지 국가를 바탕으로 한 단일시장국가 형성과 원자재를 확보하려는 목적에서 제기된 것으로, 오늘날의 경제블록 내지 지역통합을 의미한다.[9] 1938년 5월 당시 참모본부 제1부장 이시와라 간지(石原莞爾)는 "오늘날의 세계는 4개의 세계, 즉 미국·러시아·유럽·동아시아로 나뉘어 있다."라고 언급하였으며,[10] 1941년 2월 3일 대본영(大本營)이 결정한 「대독이소교섭안요강(對獨伊ソ交涉案要綱)」에서도 세계를 대동아권, 구주권(아프리카 포함), 미주권, 소련권(인도와 이란 포함)이라는 광역경제권으로 나누었다.[11] "공업국가인 일본을 중심으로 원료 및 식량 자급을 충족시킬 수 있는 범위인 근린 여러 지역을 최소한의 필요지역으로 포함시키지 않으면 안 된다."라는 것이 대동아공영권의 전제 조건이었다.[12]

당시 대동아공영권은 〈그림 4〉와 같이 오늘날 동남아시아는 물론 만주, 그리고 남태평양 일부를 포함하는 광역경제권을 의미하였다.

---

8 「基本国策要綱」, 『支那事変関係一件』(レファレンスコード: B20020305447), 外交史料館所蔵; 채수도, 「大東亞共榮圈의 실천단계에 관한 연구」, 『대한정치학회보』, 대한정치학회, 2012년, p. 122.

9 石原莞爾, 「陸軍士官学校満州国生徒に対する講演概要筆記」, 角田順編, 『石原莞爾資料ー国防論策ー』, 原書房, 1967年, p. 246.

10 石原莞爾, 「陸軍士官学校満州国生徒に対する講演概要筆記」, 角田順編, 『石原莞爾資料ー国防論策ー』, 原書房, 1967年, p. 246.

11 参謀本部編, 『杉山メモー大本営·政府連絡会議等筆記(上)』, 原書房, 1967年, p. 177.

12 森谷克己, 『東洋的生活圈』, 育生社弘道閣, 1942年, p. 309.

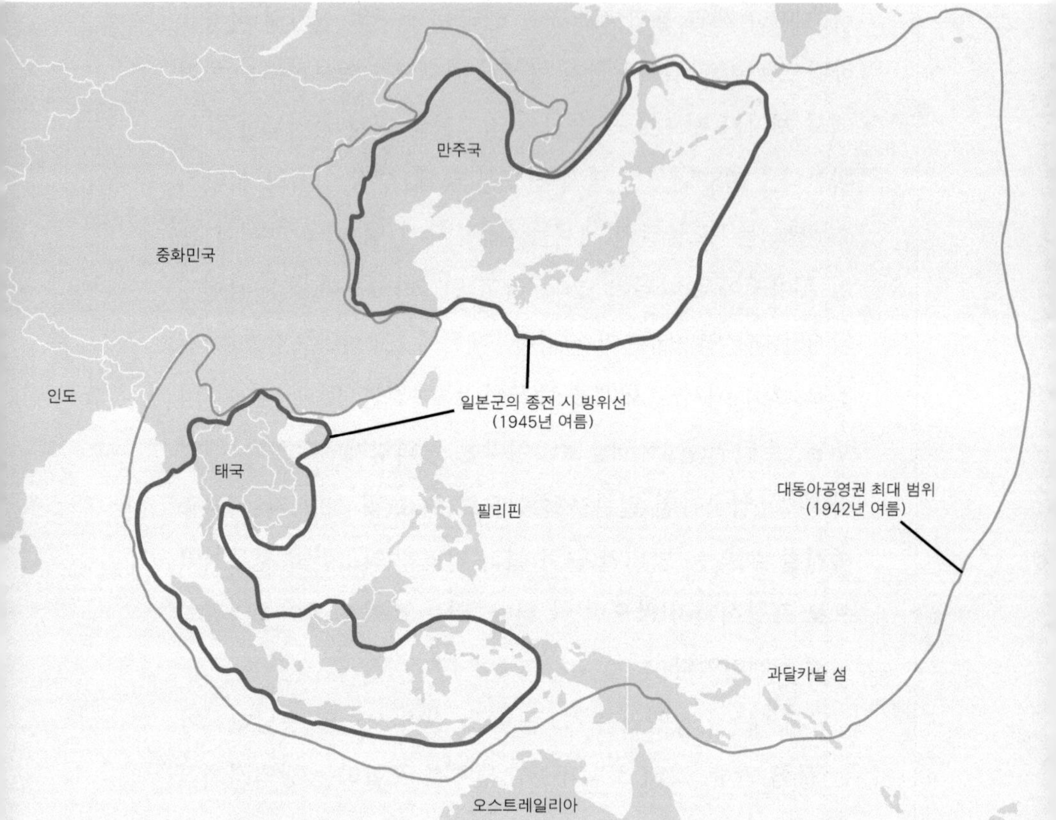

그림 4 대동아공영권
출처: 丸山淳一, 「'일본필패'의 경고는 왜 간과되었는지… 종전 77년의 여름에 생각하는 '총력전'의 위험함」, 『読売新聞オンライン』(2022년 8월 17일)을 참고하여 재구성.

당시 광역경제권 구상에 관심이 많았던 우노 고조(宇野弘蔵)는 "대동아공영권은 광역경제를 구체적으로 실현할 의무가 있다."라고 주장했을 뿐 아니라, "광역경제는 국민경제를 확실히 통제하기 위해 생산과 교역이 보장되는 광범위한 지역을 말하며, 이것을 내적 문제로서 해결하기 위해서는 추상적이고 이론적인 해결책이 아니라 구체적이고 현실적인 해결책이 필요하다."라고 언급하였다.[13] 결국 대동아공영권 구상은 당시 세계 사조나 일본의 경제적 자립성과 크게 관련되어 있는데, 이러한 시대적 조류에 편승하고자 하는 일본의 자각 의식이 대동아공영권 구상으로 이어졌다고 판단된다. 일본은 세계 경제가 미국과 영국 등 서구 중심의 식민지 시장경제로 재편되고 있는 시대적 상황 속에서 일본의 자급자족과 경제적 독립을 쟁취하고 서구자본주의의 아시아 침탈에 능동적으로 대응하는 방법이 바로 서구와 같은 지역블록화, 즉 대동아권 성립이라고 보았던 것이다. 그러나 후발국가인 일본은 원자재나 시장 확보 면에서 상대적으로 수세에 몰릴 수밖에 없었다. 일본은 이러한 현실적인 문제를 극복하기 위해 전술한 바와 같이 생활공간을 강조하는 광역경제권 이론(독일지정학)을 수용하게 되었다.

일본은 중국 대륙이 자국의 발전과 팽창을 위한 중요한 생

13 財団法人日本貿易振興会日本貿易研究所,『糖業より見たる広域経済の研究(著作集8)』, 栗田書店, 1944年, p. 392.

활공간이라고 확신하고 있었다.[14] 당시 일본은 인구 증가와 이에 동반되는 식량 문제를 해결할 수 있는 생존공간이 매우 협소한 실정이었다. 또한 공업을 뒷받침할 수 있는 원자재 확보에도 어려움을 겪고 있었다. 대량 생산을 소화할 수 있는 거대 시장을 확보하기 위해서는 서구 열강과 경쟁하지 않으면 안 되었다. 결국 이러한 당면 문제를 해결하기 위해 일본은 만주를 중국에서 분리시켜 지배하고자 하였다. 1940년 9월 16일 대동아공영권의 지리적 범위가 확정된 「일·독·이 추축 강화에 관한 건」에서 '생존권'을 "황국의 대동아 신질서 건설을 위한 생존권을 고려하여 그 범위는 일만지를 근간으로 하는 것"이라고 정의한 데서 알 수 있듯이,[15] 중국과 만주는 일본의 생존권을 위한 필수 조건이었다. 당시 일본의 최대 시장으로는 이미 식민지가 되어 버린 조선과 대만이 있었지만, 중국 본토와 만주에는 크게 미치지 못했다. 특히 원자재 확보가 가능한 지역은 만주와 몽골, 그리고 시베리아 등에 한정되어 있었기에 만몽(滿蒙)의 안정적인 확보는 일본 광역경제권 구축 구상의 핵심 사항이었다. 구미제국의 식민지 지배로부터 동아시아를 해방시키고 이 지역에 일본을 중심으로 하는 공존공영의 새로운 동아시아 질서를 구축하려면 중국은 물론, 만주를 안정적으로 지배하는 것이 무엇보다 절실하였을

14 앞의 책, 『東洋的生活圈』, p. 308.
15 外務省編, 『日本外交年表並主要文書(下)』, 原書房, 1965年, p. 448.

것이다.[16] 그러나 당시 일·미 관계가 첨예하게 대립함에 따라 일본 정부는 일만지의 제휴만으로는 일본의 생존권을 보호·유지하지 못하리라고 판단하였다. 따라서 동아공영권 건설에 있어서도 자급경제 건설에 필요한 경제영역 확보를 더욱 중시하였는데,[17] 이것은 일본이 남방 진출에 큰 관심을 가지게 된 배경이 되기도 하였다.

사실 일본의 남방 진출은 메이지 시대 초기부터 시작되었다. 당시 일본인의 남방 진출은 소규모 경제활동을 통해 이루어졌는데, 대체로 본국에서 조달한 약간의 생활 잡화를 현지에서 판매하는 수준이었다. 그러나 합리적인 경영과 자본 축적이 어느 정도 이루어지면서부터 일본인의 경제활동 규모는 점차 커졌고, 1893년에는 싱가포르에 미쓰이(三井)물산 지점이 개설되기도 하였다.[18] 말레이 반도(영국령)의 고무산업에 일본 기업이 진출한 시기도 메이지 말엽인 1906년경이다. 남방자원에 대해 일본이 관심을 갖기 시작한 것도 바로 이즈음부터였다. 1932년의 통계에 의하면 말레이 반도에서 생산되는 고무는 413,000톤에 달했으며, 특히 현지에 채굴되는 철광석은 일본 본국의 하치만(八幡) 제철소로 보내져 일본의 제철산업 발전에 크게 기여하였다.[19]

---

16 櫻井良樹,「日中提携と「国民的新党」の創設」,『日本政治学会年報』, 岩波書店, 1998年, p. 101.

17 앞의 책,『東洋的生活圈』, pp. 313-314.

18 矢野暢,『「南進」の系譜』, 中央公論社, 1975年, p. 83.

19 西村真次,『大東亜共栄圏』, 博文館出版, 1942年, pp. 203-205.

물론 남방 진출에 대한 일본 정부의 본격적인 정책안이 마련된 시점은 1936년 일중전쟁 발발 후부터라고 할 수 있다. 1936년 8월 11일 5상회담(五相會談)에서 결정된 국책기준(国策の基準)에 따르면 일본이 제국으로서 확립해야 할 근본 국책은 동아시아 대륙에서 제국의 지위를 견고하게 유지·확보함과 동시에 남방해양에 진출하는 것이었다. 이 국책기준은 특히 외남양 방면(外南洋方面)에서 일본의 민족적·경제적 발전을 계획하고 실행하며, 타국의 자극과 질투를 피해 점진적이고 평화적인 수단으로 일본의 세력 확대를 꾀함으로써 만주국의 완성과 함께 일본제국의 국력을 충실히 강화해야 함을 명시하고 있다.[20] 또한 1940년 4월 「제2차 대외시책방침요강」에서도 "동아 신질서 완성을 위하여 가장 신속하게 취해야 할 것은 남양자원의 확보이다."라고 주장하였다.[21] 요컨대 일본은 남방 진출로 대동아의 자급자족 체제를 완성하고자 하였던 것이다.

일본의 대동아공영권 구상은 당시의 국제적 조류에 편승하고자 하는 의식이 크게 작용한 결과라고 볼 수 있다. 시대적 화두는 약육강식과 적자생존이라는 제국주의적 무한경쟁 논리였고, 여기에 편승하는 민족과 국가만이 생존할 수 있다는 생존 이론이었다. 시대적 흐름에 역행하지 않고 하나의 민족으로 살아남기 위해 일본이 전략적으로 선택한 것이 칼 하우

20 앞의 책, 『日本外交年表並主要文書(下)』, p. 344.

21 「第二次対外施策方針要綱(案)」, 『帝国ノ対外政策関係一件』(レファレンスコード: B20020300123), 外交史料館所蔵.

스호퍼의 이론이었다고 판단된다. 1930년대 후반 이후 급속도로 형성되기 시작한 범지역주의의 핵심인 광역경제권 형성을 지켜보면서 일본이 인식한 것은, 일본 민족이 현재 살아가고 있는 공간이 아닌 미래에 연장·확대되어야 할 공간이었다. 대동아공영권 구축을 통해 일본은 미래에 증가할 인구 문제, 식량 문제, 시장 확보 및 원자재 확보 문제를 일시에 해결하고자 하였다. 아울러 서구 열강의 아시아 경제침략에 대항해 동아시아에 큰 경제권을 만들어 부국번영을 구현하고자 하였다. 이러한 대동아공영권 구상에 이념적 논리를 제공한 것이 일본지정학이라고 볼 수 있다.

하지만 대동아공영권 구상은 출발점에서부터 많은 문제점을 내포하고 있었다. 일본은 해양국가로서의 역할을 의식하는 동시에 주변국인 대륙국가에도 그 세력권을 확보해야 한다는 강박관념에 빠져, 해양형 국가와 대륙형 국가의 전략을 동시에 취함으로써 지정학적 모순에 빠진 것으로 판단된다. 해양지정학의 거두인 머핸은 "패권국가가 되기 위한 필수적이고 유일한 전제 조건은 바다를 제패하는 것이다."라고 하면서도 "어떠한 국가도 대륙국가이면서 동시에 해양국가가 될 수는 없다. 대륙국가는 국경을 접한 이웃 국가의 공격에 대비해 대규모 방위 세력을 배치하지 않으면 안 된다. 이는 대륙국가의 한계이기도 하다."라고 주장한 바 있다.[22] 머핸의 주

22 秋元千明,『戦略の地政学』, ウェッジ, 2021年, p. 170 재인용.

장에 의하면 해양국가와 대륙국가의 전략을 동시에 지향하는 것은 모순일 뿐 아니라 불가능한 일이다. 말하자면 일본의 대륙지향적 지정학에 의한 대동아공영권 구상은 처음부터 잘못된 선택이었다고 본다.

제2절 | 국방권역 체제

일본지정학은 섬나라라는 폐쇄성을 극복하기 위해 대륙에서의 공간 확보에 주안점을 두었다. 핵심지역을 지배하면 그 주변지역은 물론 포괄적 통합지역까지 지배할 수 있다는 매킨더의 가설에 따라 일본 역시 만주를 지배하는 자가 동북아시아를 지배한다는 명제를 앞세워 중국 대륙에 진출하고자 하였다. 이것은 곧 대동아공영권 구상을 의미하는데, 여기에 논리성과 합리성을 제공한 것이 일본지정학이었다. 일본지정학에서 핵심지역은 만주, 몽골 등 중국 대륙의 주변지역이었다. "만몽은 일본의 생명선이며, 남양은 바다의 생명선"[23]이라는 논리에는 이러한 당대 일본의 지정학적 사고가 고스란히 담겨 있는데, 이러한 지정학의 정책적 논리가 집약되어 대동아공영권으로 표출되었다.

일본의 대동아공영권 구상은 광역경제권 구축이라는 경제

23 佐藤優,『使える地政学』, 朝日新聞出版, 2016年, p. 23.

적인 측면에 국한되지 않았다. 일중전쟁이 장기화되면서 그 지향점은 점차 동아시아 지역의 군사적 방위 체제로 집약되어 갔다. 특히 대동아공영권 구상을 공식적으로 발표한 「기본국책요강」은 "황국 내외의 새로운 정세를 감안하여 국가 총력을 발휘할 수 있는 국방국가 체제를 기본으로 하여 국시 수행에 유감없는 군비를 준비해야 할 것이다."라고 명시하고 있다.[24] 또한 내각주보는 "대동아의 방위라는 것은 북방에 거점을 두고 남방으로 전개되는 웅대한 부채꼴 진(陣)이다. 일본과 만주가 본성(本城)이라면 중국은 성의 외곽이다. 동남아시아, 인도, 대양주의 크고 작은 섬들은 부채꼴 포진의 외성이라고 할 수 있다."라고 밝혔다.[25] 결국 이러한 군사적·안보적인 논리에 따라 일본은 기존의 광역경제권 구축이라는 구상에서 한걸음 더 나아가 일본 중심의 단일체제 국방권역 구축을 정책적으로 추진하고자 하였다.

일본의 참모본부는 1921년 개최된 워싱턴회의 이후부터 미국을 가상의 적국으로 상정하여 일미전쟁을 예견하고 있었는데, 여기에는 미국의 적극적인 일본 견제와 압박, 그리고 동아시아의 새로운 정치 질서 형성이 크게 작용하였다. 구체적으로는 일본으로 하여금 대국을 지향하게 만든 신호탄이 된 영일(英日)동맹이 워싱턴회의 때 폐기된 점을 들 수 있다. 이로

24 「基本国策要綱」, 『支那事変関係一件』(レファレンスコード: B20020305447), 外交史料館所蔵.

25 内閣情報局, 『週報(281)』, 1942年2月25日.

인해 중국에 대한 일본의 특수권익이 더 이상 유지되지 못하게 되었기 때문이다. 즉 미국 주도의 새로운 동아시아 질서가 성립됨에 따라 일본은 미·영 양국의 견제와 미·중 양국의 반일협조 체제 아래 놓이게 되었다.

일본은 남방 진출의 교두보를 확보하려면 필리핀 독립 지원이 필수적이라고 보았다.[26] 그러나 일본 정부의 비공식적인 필리핀 독립 지원은 미국의 강력한 항의를 받게 되었다. 일본이 미국의 반발을 불러일으키면서까지 필리핀 독립운동에 관여한 이유는 "남방의 말레이시아, 필리핀 군도 방면에 일본 해군의 근거지를 획득하여 이곳을 남방 국방의 제일선으로 하지 않는다면, 태평양의 제해권 장악을 토대로 한 제국의 영원한 안전 확보도 불가능할 것이다."라는 언급에 잘 나타나 있다.[27] 이처럼 일본은 오래전부터 남방 진출의 교두보를 확보하기 위해 활동하였지만, 이 시기에는 미·일 양국 간의 전쟁으로 확대될 만큼의 큰 충돌은 거의 없었다. 그러나 제1차 세계대전 전후 일본의 노골적인 중국 대륙 진출, 특히 배타적 만주 진출은 영미의 반발과 즉각적인 제재를 불러왔다. 일본은 제1차 세계대전 중이던 1915년 1월 "일본국 신민이 남만주 및 동부 내몽골에서 각종 상공업에 필요한 건물 건축이나 경작에 필요한 토지의 임차권 및 소유권을 취득할 수 있는 권

---

26 波多野勝, 「フィリピン独立運動と日本の対応」, 『アジア研究』 第34巻4号, アジア政経学会, 1988年, p. 86.
27 앞의 책, 『東亜先覚志士記伝(上)』, p. 631.

한" 요구와, "중국 정부는 남만주 및 동부 내몽골에서 정치, 재정, 군사에 관한 고문 교관이 필요한 경우 반드시 먼저 일본국과 협의할 것" 등을 골자로 하는 21개조 권익 확대 요구사항을 중국에 전달하였다.[28] 그러나 일본은 미국 주도로 개최된 워싱턴회의(1921~1922년)에서 이 21개조 요구안을 철회할 수밖에 없었다. 당시 워싱턴회의 전권위원이었던 시데하라 기주로(幣原喜重郎)는 제6회 총회(1922. 2. 4.)에서 미국의 제재를 수용하면서도 일본과 중국 시장의 관계가 불가분한 것임을 다음과 같이 강조하였다. "일본은 아시아에서 제품의 원료를 구하고 시장을 확보해야 한다. 원료와 시장을 안정적으로 확보하기 위해서는 중국에 안정적인 정부가 수립되어 질서와 행복과 번영이 퍼져야 한다. 중국에는 수십만 명의 일본 재류민(在留民)이 있는데, 이들은 중국에 거액의 자본을 투자했을 뿐 아니라 중국 시장에 크게 의존하고 있다. 일본과 중국 간에는 멀리 떨어져 있는 다른 여러 국가들보다 훨씬 큰 이해관계가 있는 것은 당연하다."[29]

이처럼 일본은 중국을 둘러싼 미국과의 대립이 양국의 전쟁으로 이어질 것임을 알면서도, 시장과 원자재 확보라는 현실적인 문제 때문에 중국 시장과 만주를 포기할 수 없었다. 이에 대해 미국은 일본과의 전쟁에 대비해 '오렌지 계획'이라

---

28 高崎宗司編, 『近代日本と植民地(5)-膨張する帝国の人流』, 岩波書店, 2001年, p. 62.

29 上村伸一, 『日本外交史(17)』, 鹿島平和研究所, 1971年, p. 94 재인용.

는 작전계획을 수립(1924년)하고 일본의 팽창주의를 적극 저지하고자 하였다.[30] 이처럼 일·미 관계의 긴장이 고조되는 가운데, 1927년 12월경 이시와라 간지는 "지금의 일본 국방은 머지않아 도래할 일·미 결전을 준비하고 있다."라고 단언하면서, "일본이 직면한 인구·식량 등의 주요 문제를 해결하려면 만주와 몽골의 개발을 단행해야 한다. 따라서 군부는 미·소·영을 상대로 벌이는 지구전쟁(持久戰爭)을 전제로 국방계획을 입안해야 한다."라고 밝혔다.[31] 그는 또 "일본을 중심으로 하는 동아시아와 미국을 중심으로 하는 앵글로색슨의 결승전은 세계 문명 통일을 위한 인류 최후의 전쟁으로서 반드시 머지않은 장래에 발발할 것이다."라고 예견하면서,[32] 이에 대비해 일본의 안보 체제를 새롭게 구상해야 한다고 보았다. 그가 생각하는 승전의 전제 조건은 안정적인 만몽 지배였다. 이시와라는 1928년 관동군 작전주임 참모로 만주에 부임한 후 관동군에 의한 만주와 몽골 영유계획에 착수하였고, 결국 이를 실행했다. 이른바 관동군에 의한 만주사변과 일중전쟁이었다.

일중전쟁 발발은 미국의 안정적인 중국 시장 확보에 위협적인 장애물로 인식될 수밖에 없었고, 곧 19세기 후반 이래 우호적이었던 양국 관계의 단절을 알리는 서막으로 이어졌

30 이 명칭은 대통령 자문기관인 육해군통합회의가 미국을 파랑, 일본을 오렌지색, 영국을 빨강, 독일을 검정 등으로 표시한 것에서 유래되었다.(加藤陽子, 『戦争の日本近現代史』, 講談社現代親書, 2002年, p. 217 참조)

31 角田順編, 『石原莞爾資料-国防論策編』, 原書房, 1970年, pp. 58-68.

32 高山信武, 『昭和名将録(2)』, 芙蓉書房, 1980年, p. 57.

다. 결국 일중전쟁은 미국의 즉각적인 개입을 초래하여 장기전으로 치닫게 되었다. 일중전쟁은 일본의 국력을 소모시켰을 뿐만 아니라, 일본 역사상 최악의 군사적 선택으로 기록되었다. 미국은 일본이 중국에서 자행한 야만스러운 학살과 침략행위를 이유로 1939년 7월 일미통상조약 파기를 통보하였고, 나아가 일본에 대한 즉각적인 경제봉쇄 정책에 돌입하였다. 이에 맞서 '대미전쟁불사론'을 주장한 일본은 경제봉쇄를 돌파하기 위해 남방침략을 계획·추진하였다. 일본은 제2차 세계대전 발발로 동남아시아 식민지 지배국인 프랑스, 영국, 네덜란드 등 유럽 국가들이 철수한 공백을 노려 자원이 풍부한 인도차이나 반도를 침략하기 시작하였다. 일본의 남방 진출은 미국의 경제봉쇄를 무력화하려는 목적도 있었지만, 동남아시아의 식민지를 손에 넣어 자급 체제를 확립함으로써 미국에 의존하는 기존의 경제체제에서 벗어나 자주적 국방력을 확보하는 것이 주목적이었다.[33]

당시 일본이 영국과 미국의 경제봉쇄 정책을 극복하기 위해서는 새로운 시장과 원자재 확보가 무엇보다 절실했다. 또 일만지 경제블록 보완과 광역경제권의 성공적 건설을 위해서도 새로운 개척지가 필요하였다. 그러나 동남아시아 개발 후발국인 일본은 군사력을 동원해 배타적 통상권을 형성하고 그 지역을 지배하지 않는 한, 원자재 확보는커녕 수출시장 확보

33 김경일, 「대동아공영권 '이념'과 아시아의 정체성」, 『동아시아의 지역질서』, 창비, 2005년, p. 216.

조차 어려웠다. 이러한 난국을 타개하기 위해 고노에(近衛) 내각은 1940년 7월 27일 「시국처리요강(時局処理要綱)」을 채택하였다. 여기에는 '독·이에 대한 정치적 결속을 강화할 것(対独伊政治的結束強化)', '소련에 대한 국교를 조정할 것(対ソ国交調整)', '국내 전시 태세 및 전쟁 준비를 충실히 할 것(国内戦時態勢と戦備の充実)' 등의 사항이 포함되었다. 아울러 "일중전쟁의 신속한 해결을 추진하는 동시에 좋은 기회를 노려 남방문제를 해결해야 할 것"이라고 언급함으로써 남방 진출을 위한 군사적 행동을 상정하고 일·미 개전을 대비하였다.[34] 그러나 다른 한편으로 일본 정부나 군 수뇌부는 신중한 자세를 취했다. 예컨대 1940년 9월 19일 어전회의(御前会議)에서 해군 수뇌부는 일·독·이 3국 동맹 체결을 승인하면서도 "본 동맹을 체결하더라도 일·미 개전을 회피할 것, 남방문제는 지극히 평화적으로 해결하여 마찰을 회피할 것" 등의 주의사항을 거론하며 가능한 한 미국과의 전쟁을 피하고자 하였다.[35] 그러나 앞서 언급한 바와 같이 미국에 의한 경제봉쇄 정책, 즉 통상항해조약을 파기하고 일본의 국책 수행에 필요한 물자 공급을 거부하여 일본의 자산을 동결하고 일본을 경제적으로 약화시키려는 미국의 일본 고사 전략에 대항하려면 전쟁 외에는 다른 방법이 없었다.[36] 당시 언론학자였던 니시무라(西村真次)는 미국의

---

34 服部卓四郎, 『大東亜戦争全史』, 原書房, 1977年, p. 18.
35 앞의 책, 『大東亜戦争全史』, pp. 29-30.
36 앞의 책, 『大東亜共栄圈』, p. 46.

경제봉쇄령이 일본으로 하여금 대동아공영권 건설을 더욱 갈망하게 만들었고, 일본이 우선 일만지 공수동맹을 맺고 나아가 프랑스령인 인도차이나와 태국까지 그 세력권을 확대하게 만들었다고 주장하였다.[37]

이처럼 대동아공영권 구상의 이면에는 대미 결전이라는 위기의식이 크게 작용하였다. 즉 1920년대 후반 이후 급속도로 증가한 미·일 양국의 충돌과 대립으로 인해 일본은 전쟁을 대비하며 전시 체제로 돌입하였고, 광역경제권 중심이었던 기존의 대동아공영권을 군사·안보 중심의 대동아공영권으로 전환하였다. 결국 이러한 변화가 일본 중심의 단일 체제 국방권역을 구상케 하였다고 판단된다. 군사·안보적 관점으로 대동아공영권 구상을 전환한 일본은 자신들이 일으킨 침략전쟁, 특히 일중전쟁을 유리하게 이끌고자 했을 뿐 아니라 미국의 경제봉쇄 정책과 군사적 압박 문제도 동시에 해결하고자 한 것이다.

---

37 당시 미국의 석유 봉쇄령으로 일본은 새로운 석유 수입처를 찾기 위해 네덜란드와 교섭하였으나 거절당했다. 뿐만 아니라 미국(America), 영국(Britain), 중국(China), 네덜란드(Dutch) 등이 공동으로 대응하는 ABCD 포위망에 의해 사면초가에 빠지게 되었다.(앞의 책, 『大東亜共栄圏』, pp. 46-47)

제4장

지정학적 정책 구상

제4장

지정학적 정책 구상

제4장에서는 일본의 지정학적 사고가 구체화된 과정을 살피기 위해 동아신질서론(東亞新秩序論)을 비롯하여 이시와라의 동아연맹론(東亞連盟論), 그리고 쇼와연구회(昭和硏究会)의 동아협동체론(東亞協同體論)에 대해 알아본다.

제1절 | 동아신질서론(東亞新秩序論)

제1차 세계대전 이후 영국은 일본의 동아시아 진출을 허용하지 않았는데, 특히 이해관계가 중첩되는 중국과 만주에서 일본의 세력 확대를 강력하게 견제하였다. 하지만 일본은 서구 열강의 시기와 견제를 받으면서도 대외 팽창 정책을 포기할 수 없었다. 그 배경에는 제국주의라는 요인, 그리고 1931년의 3월 사건과 10월 사건, 1932년의 5·15 사건, 1936년의 2·26 사건에 이르기까지 군부의 권력 강화가 크게 작용하였다. 이러한 국내적 위기를 극복하고 대륙에서의 팽창을 극대화하기 위해 일본은 1931년 만주사변과 1937년 일중전쟁을 일으켰다. 일본의 안정적인 만주국 통치와 중국 내 시장 확보를 위해 일으킨 일중전쟁은 서구 열강, 특히 만주를 둘러싸고 이해관계가 중첩되는 미국과의 전면전을 각오한 극단적인 선택이었으며 제2차 세계대전의 서막이기도 했다. 일본의 만주국 건설은 중국의 민족주의를 자극하는 한편, 미국과 영국 그리고 소련의 견제·불신과 이에 따른 국제적 고립을 초래하였다. 일본은 안보적 위기를 자초하는 우를 범하게 된 것이다.

만주국 건설 당시 일본은 만주국이 민족자결 원칙에 따라 만주인 스스로가 직접 통치하는 국민국가라고 주장하였지만, 미·영을 중심으로 한 국제연맹은 "만주국은 괴뢰정권이며 만주 지역은 중국의 주권 아래에 있어야 한다."라며 일본을 강하게 비난하였다. 하지만 일부 정치가, 특히 나가시마(長島隆二)는 "만주는 중국의 본토와 역사적, 지리적, 인정적으로 크게 다르다. 만주는 이미 독립하지 않으면 안 되는 운명에 놓여 있다. 일·중 관계에서 만주를 애매하게 취급해서는 일·중 친선을 도모할 수 없다. 일·중 관계의 유일한 해결책은 만주를 독립시키는 일이다."라며 만주사변을 지지하였다.[1] 이는 당시 만주사변과 만주국 건설에 대한 일본의 인식을 보여 준다. 특히 "제도를 정비하면 만주는 경제적으로 풍요로워질 것

1　日本政治学会編, 『年報政治学』, 岩波書店, 1998年, p. 102.

이며 만몽은 일본의 생명선이자 영양선이 될 것이라고 확신한다."[2]라는 대목에서 알 수 있듯이, 정부 관계자 대부분은 만주가 향후 대동아공영권 구축에 필수불가결한 지역이라고 판단하고 있었다. 더욱이 "만주사변의 발발은 국민 대중에게 새로운 세계관을 부여하여 국민의 열광적인 환영을 받게 되었다."[3]라는 언급처럼, 국민 대부분도 일본 정부의 대륙 정책을 지지하면서 일본 중심의 새로운 지역 질서 구축을 바라고 있었다. 이러한 편향된 사고에 입각하여 감행된 만주사변과 만주국 지배는 중국 및 주변 국가들에게 인적·정신적·물질적 피해를 입혔다.

만주사변은 중국 국민당정부의 정치적 입지를 축소시켰고, 이는 공산당이 세력을 만회할 수 있는 절호의 기회가 되었다. 급기야 만주사변과 만주국 건설은 국공합작(國共合作)의 빌미를 제공하는 전략적 실수를 초래하였다. 더욱이 만주사변 이후 일본의 화베이 분리공작(華北分離工作)에 대해 중국 정부는 물론 청년, 학생들까지 항의 데모를 일으키며 반발했고 일본상품 불매운동이 전국적으로 전개되었다. 결국 일본 정부는 과거 전쟁의 승리를 통하여 국민적 통합과 난관을 극복했던 경험적 사실을 상기하여 일중전쟁을 일으켰다. 일본 정부의 군대 파견 결정 이후 전선은 화베이(華北) 지방에서 상하이(上海)를 포함한 화중(華中) 지방으로까지 확대되었으며, 1938

2 長島隆二, 「国防費と国際関係」, 『政友(391)』, 立憲政友会, 1933年3月, p. 10.
3 上村伸一, 『日本外交史(17)』, 鹿島研究所出版会, 1971年, p. 356.

년에 접어들자 우한(武漢)과 광둥(廣東)에도 공격이 단행되었다. 물론 일본 군부는 "사건의 확대를 방지하기 위해 더 이상 군사행동을 해서는 안 될 것"이라 판단하여 전쟁을 조기에 매듭짓고자 했지만,[4] 중국의 국공합작으로 전쟁은 장기전으로 치달았다. 그리고 이런 와중에 난징(南京)학살 사건이 발생하며 일본은 세계 여론의 몰매를 맞기에 이른다. 만주사변 이후 일·중 양국의 군사적 충돌은 간헐적으로 이루어졌지만, 일·중 양국의 전면전으로 확대된 일중전쟁은 20세기 아시아에서 벌어진 최대 규모의 전쟁이었다. 일본군은 1938년 5월에 쉬저우(徐州), 10월에 광둥·우한을 점령했지만, 도시와 철도를 확보하는 데 만족해야만 했다.

이러한 일중전쟁 장기화는 일본 내에서 심각한 위기감을 조성했다. 무엇보다도 일본 정부는 전선 확대에 따른 병력 부족과 더불어 군수물자 부족에 시달리게 되었다. 이러한 위기의식 속에서 일본 정부는 대외 관계, 특히 중국과의 관계를 새롭게 설정하지 않으면 안 되었다. 일본 정부는 기존의 식민정책, 즉 동화나 강압에 입각한 일본의 통치 방식이 상대국의 저항을 초래하였으며 특히 요원(燎原)의 불길처럼 타오른 중국 민중들의 반일운동에 직면하는 우를 범하게 되었다고 판단하였다. 이에 따라 일본 정부는 일·중 관계의 새로운 돌파구를 마련하기 위한 국면 전환 차원에서 동아신질서론을 제

4 防衛庁防衛研修所戦史室, 『戦史叢書大本営陸軍部(1)』, 朝雲新聞社, 1967年, p. 432.

시하였다.[5] 1938년 12월 22일 고노에 수상은 일중전쟁의 목적이 동아시아 신질서 건설에 있다고 언급하였다. 그는 일만지 3국이 결속함으로써 상호부조(相互扶助) 방위를 실현하고 서구 세력을 동아시아에서 일소하는 데 상호 협력해야 한다고 주장하였다. 이는 중국 내 반일감정을 완화하고 국제적 비난을 회피하기 위한 고도의 정치적 술책이었다. 또한 중국과의 전선 확대를 바라지 않았던 고노에 내각이 일중전쟁을 조기 종결하기 위해 내세운 명분이기도 했다. 호리 마키요(堀真清)는 당시 고노에 내각이 만주국 및 중국과 제휴하여 동아시아 평화를 실현하고 나아가 세계평화에 공헌하겠다는 국시(國是) 아래, 일·중 양국의 문제점을 해결코자 동아신질서론을 제기하였다고 보고 있다.[6] 이러한 시각을 바탕으로 임성모는 "중일전쟁의 장기지구전화가 분명해진 시점에서 일본 정부는 난국을 타개하기 위해서 동아신질서론을 발표하였다."라고 주장하였다.[7] 대부분의 선행연구에서는 중국인들의 민족주의적 저항으로 전쟁이 장기화되자, 이를 극복하고자 하는 정치적 목적에서 고노에의 동아신질서론이 제기되었다고 본다.[8]

'동아공동체론'은 "19세기 말에는 아시아 연대, 1930년대에

---

5 外務省編, 『日本外交年表竝主要文書(下)』, 原書房, 1969年, p. 407.

6 堀真清, 「東亜新秩序建設の思想と現実—第一次近衛内閣の三つの声明をめぐって—」, 『法学論集(25)』, 西南学院大学学術研究所, 1993年, pp. 126-127.

7 임성모, 「대동아공영권 구상에서의 '지역'과 '세계'」, 『세계정치』, 서울대학교 국제문제연구소, 2005년, p. 103.

8 함동주, 「미키 키요시의 동아협동체론과 민족문제」, 『인문과학』, 성균관대학교 인문과학연구소, 2000년, p. 340.

는 동아협동체, 1940년대에는 대동아공영권으로 나타났다."[9] 라는 주장에서 알 수 있듯이, 일중전쟁으로 인한 역사적 산물이 동아신질서론이라는 주장은 단편적이고 피상적인 분석이다. 고노에의 동아신질서론은 단순히 일중전쟁의 전선 확대를 방지하고 외교적 고립을 타개하기 위한 충동적이고 즉흥적인 전략이 아니었다. 고노에 내각은 이를 대동아공영권 구상의 전단계로 인식하고 있었다고 판단된다. 즉 "대동아공영권 구상은 서구의 아시아 침략에 공동 대응하자는 아시아 연대론에서 출발하여 대동합방론을 통해 구체화되었으며, 한일합방이 실천의 첫 단계였다."[10]라고 본다면, 동아신질서론의 배경과 목적은 새로운 관점, 즉 대동아공영권 구상의 실천적 방향 제시에 있었다고 볼 수 있다. 예컨대 1940년 4월 22일 「시게마쓰의 제2차 대외시책방침요강(重松案 第二次対外施策方針要綱)」에 언급된 "동아신질서의 완성과 일본제국의 도의적 목적을 수행하기 위하여 가장 신속하게 취해야 할 것은 남양자원(南洋資源)의 확보 및 동아시아 여러 민족의 해방이다."[11]라는 문구에서 추론한다면, 동아신질서론은 대동아공영권 구상의 연속선상에서 보아야 할 것이다. 즉 고노에의 동아신질서론은 일중전쟁과 중국 민중의 반일운동을 모면하기 위한 궁

9 앞의 논문, 한상일, 「동아시아 공동체론」, p. 8.

10 채수도, 「초기 대동아공영권(大東亜共榮圏) 구상에 관한 일고찰」, 『日本文化研究』 第35輯, 동아시아일본학회, 2010년 7월, p. 481.

11 「第二次対外施策方針要綱(案)」, 『帝国ノ対外政策関係一件』(レファレンスコード: B20020300123), 外交史料館所蔵.

여지책이 아니라, 향후 대동아공영권 구축을 위한 전략적 측면에서 제기된 것으로 보인다. 이는 당시 발표된 고노에 성명의 내용을 보면 더욱 명확하게 알 수 있다. 고노에 내각은 1938년 1월 16일 다음과 같이 성명(「国民政府を相手とせず声明: 第1次 声明」)을 발표하였다.

> 제국정부는 남경 공략 후 중국 국민정부의 반성에 마지막 기회를 주면서 오늘에 이르렀다. 그러나 국민정부는 일본제국의 참뜻을 이해하지 못하고 항전(抗戰)을 거듭하고 있으며, 중국 인민의 고통을 헤아리거나 동아시아 평화를 구현하는 데는 아무런 노력도 기울이지 않고 있다. 따라서 제국정부는 이후 국민정부를 상대하지 않을 것이고, 제국정부와 진실로 제휴코자 하는 신 중국정권이 성립될 것을 기대한다. 제국정부는 이 새로운 정권과 교섭하여 새로운 중국 건설에 협력하고자 한다. 일본제국이 중국의 영토 및 주권과 관련된 열국의 권익을 존중하는 방침에는 처음부터 지금까지 조금의 변함도 없다. 지금 동아시아의 평화에 대한 일본제국의 책임이 더욱 무겁게 느껴진다.[12]

그러나 고노에의 주장은 그의 의도와는 정반대의 결과로 흘러갔다. 1938년 6월 17일 대본영육군부에서 계획·구상된

---

12 앞의 책, 『日本外交年表竝主要文書(下)』, p. 386.

제2기 모략·계획 중에는 우페이푸(吳佩孚)를 중심으로 하는 신정권 수립 공작이 있었는데, 미즈노(水野可寿子)의 회상에 의하면 군부는 "1939년경 하타 슌로쿠(畑俊六) 육군 대장의 내락(內諾)을 받고 북경에서 우페이푸 정권 수립을 통한 기구(機構) 평화공작을 추진하고 있었다."[13] 이러한 사실로 보면, 당시 일본 정부는 장제스(蔣介石)의 국민당정부 이외의 친일정권을 수립하여 일·중 제휴를 구상하려 했던 것으로 판단된다. 특히 고노에의 성명서 내용 중 "새로운 중국 건설에 협력"한다는 대목과 "지금 동아시아의 평화를 대하는 일본제국의 책임은 더욱 무겁게 느껴진다."라는 대목에서는 중국의 민족주의는 물론 주권조차 인정하지 않겠다는 일본 중심의 세계관을 엿볼 수 있으며, 동아신질서론이 일·중의 대등한 수평적 연대가 아닌 일본 중심의 수직적인 질서를 모색하는 차원에서 제기되었음을 충분히 짐작할 수 있다. 이러한 일본 중심적 논리와 편향된 사고는 대동아공영권 구축의 실천적 단계였던 '만몽독립운동'과 '대중국 21개조 요구' 그리고 '민족협화론' 등에서도 볼 수 있다. 결국 일본의 정치적 공작과 고노에의 동아신질서론은 오히려 중국의 반발을 초래하여 고노에 자신도 제1차 성명이 실패로 끝났다고 시인하고, 성명의 완화·시정을 위한 새로운 성명서 발표를 준비하였다. 1938년 11월 3일

---

13 水野可寿子遺稿, 『亡父を憶ふ—日華親善を念願とした其の一生—』, 1946年記(櫻井良樹, 「日中提携と「国民的新党」の創設-長島隆二の場合-」, 『年報政治学』 第49巻, 日本政治学会, 1998年, p. 103) 재인용.

과 동년 12월 22일 고노에 수상은 이른바 「동아 신질서 건설 성명(東亜新秩序建設声明: 第2次 声明)」을 아래와 같이 발표하였다.

> 오늘날 천황의 위광(威光)에 의해 제국 육·해군은 광둥(広東), 우한삼진(武漢三鎮)를 공략(攻略)하고 중국의 주요 지역을 점령하였다. 국민정부는 이미 지방정부의 일개 정권에 지나지 않는다. 그러나 동 정부가 항일용공 정책(抗日容共政策)을 고집하는 한, 일본제국은 이들이 궤멸(潰滅)될 때까지 군사적인 행동을 결코 중지하지 않을 것이다. 일본제국이 원하는 바는 동아시아의 영원한 안정과 평화를 확보할 수 있는 신질서(新秩序) 건설에 있다. 이번 정벌전쟁의 궁극적인 목적 또한 여기에 있다고 볼 수 있다. 이 신질서 건설은 일만지삼국(日満支三国)이 상호 연대하여 정치, 경제, 문화 등 각 분야에 걸쳐 호조연환(互助連環)의 관계를 수립하는 것을 근본으로 하여 동아시아의 국제정의(国際正義)를 확립하고 공동방공(共同防共)을 달성하며, 신문화를 창조하고 경제결합의 실현을 구현하는 것에 있다. 이것이야말로 동아시아를 안정시키고 세계의 진운(進運)에 기여하는 일이 될 것이다. 일본제국이 중국에 바라는 바는 동아신질서(東亜新秩序) 건설의 임무를 분담하는 것이다. 제국은 중국 국민이 충분히 일본제국의 진의를 이해하고 제국의 협력에 응하기를 기대한다. (중략) 동아시아 신질서 건설은 일본 건국정신의 근원이다. 동아시아 신질서 건설을 위해 일본 국민은 자신에게 부

여된 광영(光榮)과 같은 책무를 다해야 할 것이다.[14]

이와 같이 고노에의 2차 성명은 중국 정부와의 관계 회복 차원에서 발표되었지만, 그 내용은 동아신질서를 공고화하는 미사여구에 지나지 않았다. 예컨대, 일만지 삼국(日満支三国)에 의한 신질서 건설과 공동방공(共同防共) 구축, 그리고 신문화 창조와 경제결합의 실현이 천황의 위광(威光)이나 황도정신에 기초하여 전개되어야 한다는 주장은 곧 상호평등과 공존공영이 이미 결여되어 있음을 의미한다.

고노에의 동아신질서론이 대동아공영권 구축에 대한 사상적 논리 제공 및 방향 제시의 전략적 차원에서 이루어졌다고 보는 것은 “우선 황국(皇国)을 핵심으로 하는 일만지(日満支)의 강건한 통합을 근간으로 하는 대동아(大東亜)의 신질서를 건설하는 데 있다.”[15]라는 언급에서 더욱 명확하게 알 수 있다. 즉 전술한 바와 같이, 동아신질서론은 어떤 사건과 사안의 대응 논리로 안출된 것이 아니라 대동아공영권 구축의 실천 과정에서 조직적이고 계획적으로 이루어졌다고 보아야 한다. 특히 이 시기 고노에의 동아신질서론의 의도, 지향하고자 하는 방향과 목적은 향후 대동아공영권 구축의 사전포석이자 일종의 로드맵 마련 차원에서 제기되었다고 판단된다. 즉 동아신질서론은 본질적으로 일중전쟁의 근본적 해결이 아니라

---

14 앞의 책, 『日本外交年表竝主要文書(下)』, p. 401.
15 外務省外交資料館編纂, 『日本外交史辞典』, 大蔵省印刷局, 1979年, p. 216.

향후 대동아공영권 구축 및 실현을 위한 일만지 공동방위 체제 구축, 나아가 중국의 민족주의를 배제하고 일만지 연합체를 구축하기 위한 사상적 논리 모색 차원에서 제기되었다. 무엇보다도 고노에의 동아신질서론이 재론의 여지 없이 대동아공영권의 논리로 발전했다는 사실에 우리는 재차 주목해야 할 것이다.

제2절 | 동아연맹론(東亞連盟論)

동아연맹론은 류탸오후(柳条湖) 사건을 모의·주도하여 만주사변을 일으킨 이시와라 간지(石原莞爾)가 내세운 이론으로 알려져 있다. 이시와라는 1931년 만주사변의 계획과 실행의 중심에 있었던 인물이지만, 1937년에는 일중전쟁 발발을 저지하고 그 확대 방지를 위해 노력하였다는 상반된 평가도 있다.[16] 그러나 "만몽의 영유를 구상하고 모략에 의해 무력을 사용하여 만주사변을 일으킨 장본인이자 대륙 침략의 선구자였다."라는 것이 오늘날 그에 대한 일반적인 평가이다.[17] '동아연맹'이라는 용어는 1933년 만주국 건설 과정에서 처음 세상에 알려졌고, 1936년 중국의 반일 저항 절정기를 거쳐 일중

---

16 マーク·R·ピーティ 著(大塚健洋, 他訳), 『「日米対決」と石原莞爾』, たまいらぼ, 1993年, p. 35.

17 中尾訓生, 「石原の東亜連盟論とアイデンティティ」, 『山口経済学雑誌』, 山口大学経済学会, 1999年7月, p. 19.

전쟁 시기인 1938년에 본격화되었다. 이시와라는 만주사변과 만주국 건설에 대해 다음과 같이 주장하였다.

> 만몽 문제를 해결하려면 눈앞에 작은 이익에 연연할 것이 아니라, 세계적인 추이와 동아시아의 장래를 고려하지 않으면 안 되며, (중략) 소련의 극동 정략을 단념케 하고 굳건한 국방 방비를 강화하기 위해서 중국을 비롯하여 동아시아 여러 민족과 진실된 대동단결을 이루어야 할 것이다. (중략) 새롭게 건설되는 만주국은 중국의 일부가 아니며 일본의 영토는 더더욱 아니다. 일·중 양국 공동의 독립국가임과 동시에 여러 민족 협화의 이상향(理想鄕)이다.[18]

이처럼 이시와라는 만주가 중국의 속국이 아니라 독립국이라고 주장하면서 일·중 양국이 공존공영하고 대동단결하는 데 만주국이 걸림돌이 되어서는 결코 안 된다고 주장하였다. 이를 통해 동아연맹론은 단순히 일중전쟁의 조기 수습 차원에서 제기된 것이 아니라, 만주 침략의 부산물인 만주국 건설에 대한 중국의 반발을 완화하는 수단으로 제기된 것이며, 그 배경과 시기 역시 일중전쟁에 한정되지 않음을 알 수 있다. 특히 동아연맹을 형성하는 데 있어 만주는 변수가 아니라 필수불가결한 상수였다. 이는 만주가 일본의 생존공간 확보를

---

18 横山臣平,『秘録 石原莞爾』, 芙蓉書房, 1980年, pp. 213-214.

위한 잠재성과 전략적 중요성을 가지고 있었음을 반증한다. 예컨대 이시와라는 "만주에서의 기득권을 얻는 것뿐만 아니라, 만몽 전체를 '특수지역화'하거나 혹은 만몽 분리 정책하에 만몽을 일본의 세력범위로 설정해야 한다. 만주는 일본의 해외 진출을 위한 필수적 지역이다."라고 주장하면서 만주 지역을 중국에게 양도할 수 없다는 입장을 재차 강조하였다.[19] 이와 같이 그는 만주의 전략적 위상을 다른 어느 지역보다도 높이 평가하면서 "일본의 국방상의 견지"와 새로운 "독립국 건설" 그리고 "재만 3천만 민중의 적인 군벌관료의 타도"를 위하여 만주사변을 일으켰다고 강조하였다.[20] 나아가 이시와라는 「만주문제에 관한 사견(満蒙問題に関する私見)」에서 만주사변 이전부터 이미 최종전(最終戦)을 염두에 두고 있었기에 "만몽의 자원만으로는 충분치 않다."라고 판단하였음을 설명하였고, "산시(山西), 허베이(河北), 화난(華南)에서 산둥 이남까지"를 일본의 전략적 지역으로 포함시키는 한편,[21] 화베이(華北)의 자원 확보를 강조하면서 관동군(關東軍)의 화베이 분리공작을 적극적으로 지지하였다.

이와 같이 배경과 시기를 한정해서 추론한다면 동아연맹론은 1933년 만주국 건설 및 1938년 일중전쟁과 매우 밀접한 관련성을 가지고 표출되었다고 볼 수 있지만, 이것은 어디까

---

19 大杉一雄, 『日中十五年戦争史』, 中公新書, 1996年, pp. 47-48.
20 앞의 책, 『秘録 石原莞爾』, pp. 148-149.
21 角田順, 『石原莞爾資料』, 原書房, 1967年, p. 76, p. 107.

지나 피상적인 논리에 불과하다. 즉 동아연맹론을 "일본의 정치집단이나 군부 내에서 비교적 온건한 입장을 가진 일부 인사들이 주장하는 것으로, 조속한 종전의 실현을 통하여 일본의 어려움을 해결하는 데 목표를 둔 정치적 주장"[22]이라고 정의한다면, 그 성격과 본질을 파악하는 데 한계에 부딪히고 말 것이다. 동아연맹론의 진면목을 파악하려면 이시와라의 국방관과 전쟁관을 언급하지 않을 수 없다. 당시 이시와라는 이렇게 말했다. "지금 일본의 국방력 강화는 머지않아 도래할 일·미 결전을 위한 준비이고, 지금 동아시아에서 일어나는 전쟁은 중국의 혼란에 기인하고 있다. 또한 일본이 직면한 인구, 식량 등의 중요한 문제는 만몽 개발을 단행함으로써 해결할 수 있다. 따라서 만몽을 중심으로 중국에서 일본의 기득권을 유지하기 위해서는 일본이 단호한 조치를 취해야 할 날이 올 것이며 그때는 중국뿐만이 아니라, 구미제국도 동시에 적으로 대하는 지구전쟁이 될 것이다. (중략) 이러한 지구전쟁은 무력만으로는 해결할 수 없고, 정전략(政戰略)의 긴밀한 제휴가 필요하다. 결전전쟁, 즉 최종전쟁을 준비하고 이 전쟁에 승리하여 일본 국체의 대정신을 세계 인류에게 철저하게 각인시켜 천황을 중심으로 한 평화의 시대를 만들어야 할 것이다."[23] 따라서 그는 만주를 둘러싸고 이해관계가 중첩되는 미국과의

22 배경한, 「中日戰爭 시기 中國에서의 東亞聯盟運動과 汪精衛政權」, 『中國近現代史硏究』 제21집, 한국중국근현대사학회, 2004년 3월, p. 96.
23 角田順編, 『石原莞爾資料-国防論策編』, 原書房, 1970年, pp. 58-68.

최종전쟁에서 전략적 우위를 차지하기 위한 실질적 방안으로 동아연맹론을 제기한 것으로 판단된다.

실제로 당시 미국과 일본의 관계는 이시와라 간지뿐만 아니라 대부분의 사람들이 우려하고 있었다. 특히 이시바시 단잔(石橋湛山)은 "오늘날 미·일 관계는 정면으로 충돌하는 2대의 기관차를 보고 있는 것과 같다."라면서, 양국의 갈등을 해소하기 위한 방안으로 "일본의 동아시아 독점 정책이 사라지면 미국은 태평양 방위를 위해 대규모의 군비를 갖출 필요가 없으며, 일본도 미국에 대항해 군비를 갖출 필요가 없다. 적어도 태평양에서 군비 철폐가 실현되어 미·일 양국의 충돌은 피할 수 있으며 이는 일본의 안보에 있어서 큰 이득이다."라고 주장하였다.[24] 이와 같이 일본의 대륙 진출과 동남아 진출은 미국의 아시아 진출과 맞물려 향후 양국의 충돌이 예견되어 있었다. 이러한 미국과의 최종전쟁을 준비하기 위해 이시와라는 중국과의 연대를 구상하였으며, 이를 위해서는 우선 대(對)중국 문제의 해결이 선결과제라고 판단하였다. 즉 그는 중국이 토지가 광대하고 자원이 풍부하여 "각 지방이 자급자족할 수 있으며, 지구전(持久戰)에 유리하다."라고 생각했고, 소련에 대해서도 "특히 경계가 필요한 것은 소련의 극동 군사력이다. (중략) 소·만 국경에 소련을 압도할 수 있는 병력을 집

---

24 鴨武彦編, 『大日本主義との闘争』, 東洋経済新報社, 1996年, pp. 97-100 참조; 채수도·김경일, 「이시바시 단잔(石橋湛山)의 소일본론과 평화구상」, 『日本文化研究』 第22輯, 동아시아일본학회, 2007년 4월, p. 226.

중 배치한다면, 한족은 반드시 일본을 신뢰할 것이다. 그때까지는 은인자중하여 중국과 즉시 화평하며 다가올 소련과의 전쟁을 준비해야 할 것이다."[25]라고 주장하였다. 이것은 1931년 만주사변과 만주국 건설에 따른 중국의 반일정서와 소련의 남진 정책을 의식하여 나온 주장이었지만, 이시와라의 관심은 오로지 미국과의 최종전쟁론에 집약되어 있었다.

이러한 이시와라의 인식은 「만몽 경략(經略)에 관한 사견(満蒙「経略」ニ関スル私見)」에서도 엿볼 수 있다. 여기서 그는 "세계의 대세는 세계의 문화통일을 위해 일·미 간의 최후의 결승전(決勝戰)이 임박했음을 알리고 있다. 일본의 만몽 경략(満蒙経略)은 다가올 일·미 최후전쟁을 위한 첫걸음이며 동시에 러시아의 극동에서의 세력 강화를 단념케 하려는 전략에도 큰 이익을 가져다줄 것이다."라고 단언하고 있다. 또한 이시와라는 자신의 저서 『최종전쟁론(最終戰爭論)』에서, "지금은 몇 개의 블록으로 나뉘어 격렬한 전쟁, 특히 경제 전쟁이 되풀이되고 있다. 여기서 최종적으로 승리하여 생존하는 국가는 동쪽의 일본과 서쪽의 미국이다."라고 확언하였다.[26] 이시와라는 훗날 "만주를 해결하지 않고 대동아전쟁에 돌입한 것은 전쟁지도의 관점에서 본다면 용납할 수 없는 실책이다. 대동아전쟁은 극히 곤란한 전쟁이었지만, 만약 일본이 확고한 방침하에 중국과의 전면 화평을 실현하고, 또한 공세의 종말점을 적

25 앞의 책, 『秘録 石原莞爾』, pp. 287-288.
26 앞의 책, 『石原莞爾資料』, p. 107, pp. 35-37 참조.

당하게 선정해 유리한 전략 태세를 교묘하게 활용했더라면 미국에 비해 전력이 대단히 열악한 상황에서도 좋은 조건으로 전쟁을 종결시킬 수 있었을 것이다."라고 회상하였다.[27] 이처럼 이시와라는 최종전쟁, 즉 미국과의 전쟁을 대비하기 위해 중국은 물론이고 중국 주변과도 화평을 추구하는 안정적인 극동 정책을 마련코자 하였다. 그것이 이시와라의 동아연맹론의 근본적 목적이었다고 판단된다. 그는 "동아연맹론은 동아신질서의 기초이다. 게다가 지도국가를 자처하지 않고, 우선 평등의 원칙에 서서 연맹을 결성하려고 하는 우리의 주장을 세인들은 나약하다고 비난할 수 있다. 물론 강경책은 아니다. 그러나 팔굉일우(八紘一宇)의 대사상(大思想)이 반드시 실현되리라 믿는 우리들은 절대적인 대안심(大安心)에 서서, (중략) 가장 착실한 실행을 기대하는 바이다."라며 동아연맹론의 이념을 피력하였다.[28] 특히 그는 동아연맹론의 본질이 "정치의 독립, 국방의 공동, 경제의 일체화"에 있다고 강조하면서, "구미 제국주의의 압박을 배제하기 위해 동아시아 여러 민족이 동아연맹을 결성하는 것"[29]이 극히 자연스런 현상이라고 보았다. 무엇보다 "지역적으로도 근접하고 인종적으로도 비슷하고 문화적으로도 유사한 동아 여러 민족이 대동단결하는

27 石原莞爾, 『最終戰爭論』, 経済往来社, 1972年, p. 153.
28 앞의 책, 『最終戰爭論』, p. 76.
29 松沢哲成, 「東亜聯盟運動論」, 『史論』, 東京女子大学学会史学研究会, 1975年, p. 12.

것"은 당연하다고 주장하였다.[30]

『전쟁과 동북아의 국제질서』(역사학회 편)에서도 지적하고 있는 것처럼, 동아연맹론은 구성국들의 독립적 주권 행사와 자유로운 가맹·탈퇴를 보장하였다. 특히 동아연맹론이 표방한 자주적인 정치독립은 중국의 일정 지역을 통치하고 있었던 왕징웨이(汪精衛)와 그 정권에 의해 어느 정도 지지받았던 것이 사실이다.[31]

그러나 동아연맹의 구심점이 일본 천황이라는 점과, 천황을 그 지도 원리로 하고 있다는 점에서 연맹 가맹국은 독립적인 구성체라고 볼 수 없다. 이시와라는 "천황이 동아시아 여러 민족의 맹주로 추앙받는 날이야말로 동아연맹이 완성되는 날"이라고 전제하면서, 최종전쟁의 결과에 의해 미국의 대통령이 세계를 지배할 것인지, 일본의 천황이 세계의 천황으로 추앙받을 것인지가 결정될 것이라고 보았다.[32] 이러한 이시와라의 천황중심론은 동아연맹론의 내용, 즉 자주적인 정치와는 거리가 멀다고 할 수 있다. 이시와라의 이러한 모순된 주장은 만몽 문제에서도 찾아볼 수 있다. 그는 「만몽문제사견(滿蒙問題私見)」에서 만몽 문제에 대해 "해결의 유일한 방책은 만주와 몽골을 일본의 영토로 하는 것이다."라고 주장하면서, "재만 3천만 민중의 공동의 적인 중국 군벌 및 관료를 타

---

30 김경일, 『제국의 시대와 동아시아연대』, 창비, 2011년, pp. 233-234.
31 역사학회, 『전쟁과 동북아의 국제질서』, 일조각, 2006년, p. 421 참조.
32 앞의 책, 『最終戰爭論』, p. 35.

도하는 것은 일본 국민의 사명이다. 또한 일본의 만몽 통치는 중국 본토의 통일을 가져다주는 것이다."라고 자신의 의견을 밝히고 있다.[33] 이처럼 일본의 만몽 통치를 긍정적으로 선전하고 있지만, 이것은 동아시아 지역 국가들을 기만하는 고도의 정치적 술책이며 특히 중국을 속이는 말장난에 지나지 않았다. 예컨대 "동아연맹의 초기에는 여러 국가가 아직 천황을 맹주로 받들지 않고 일본만이 천황을 받들고 있기 때문에 일본은 연맹의 중핵적 존재, 지도국가가 되지 않으면 안 된다."[34]라고 하는 것에서 일본이 자국 중심의 동아연맹을 구상했음을 알 수 있는데, 이것은 대동아공영권 구상의 기본 논리와도 밀접한 관련성이 있다. 특히 "일본의 외교방침으로 황도의 대정신에 따라 우선 일만지를 일환으로 하는 대동아공영권을 구축해야 한다."라는 대목에서 그러하다.[35] 무엇보다도 이시와라는 동아시아 여러 민족의 자주적인 정치독립을 주장하고 경제적·문화적 평등을 제시했지만, 동아연맹의 구심점으로 천황을 활용하고자 하였다는 것에 주목하지 않을 수 없다. 이시와라의 이러한 가식적인 정신과 편향된 이념 때문에 그의 동아연맹운동은 후일 도조 히데키(東條英機)에 의해 탄압을 받게 된다.[36]

---

33 앞의 책, 『石原莞爾資料』, pp. 76-77.
34 앞의 책, 『最終戰爭論』, p. 76.
35 『東京朝日新聞』, 1940年8月2日(夕刊).
36 田中梓, 「昭和陸軍の鬼才·石原莞爾について」, 『参考書誌研究·第一九号』, 1980年2月, 国立国会図書館, p. 10; 특히 이시와라의 동아연맹론의 내용 중 '일만중 3국'의 정치적 독립을 나타내는 내정불간섭주의 등은 도조 히데키(東条英

이처럼 동아연맹론의 목적은 천황을 바탕으로 하는 동아시아 신질서 건설이었는데, 여기서 신질서란 여러 동아시아 국가들이 "국경을 철폐하고 완전한 합동을 열망하여 동아대동국가(東亞大同國家)가 성립되는 것, 즉 대일본의 동아대확대(東亞大擴大)가 실현되는 것"으로서 대동아공영권의 기초 단계에 속한다고 볼 수 있다. 또한 이시와라는 자신의 『최종전쟁론(最終戰爭論)』에서 "최종전쟁을 대비하기 위해서는 가능한 한 많은 지역을 일본의 협동 범위로 포함시키지 않으면 안 될 것이다. 작전상으로도 자원 관계상으로도 가능한 한 넓은 지역이 필요하다."[37]라고 언급하고 있는데, 이를 통해 우리는 그가 대동아공영권이 제시하는 광역경제권 구상 논리에 근접하고 있음을 엿볼 수 있다. 따라서 그의 궁극적인 목적은 대동아공영권의 구축과 실현을 위한 일·중의 제휴이며, 그의 동아연맹론은 다가올 미국과의 최후전쟁을 대비하기 위한 전략·전술의 모색에 지나지 않았다고 보아야 할 것이다. 이시와라가 주창한 동아연맹론의 본질이 고노에의 동아신질서가 제기하고 있는 일만지의 선린우호, 공동방위, 경제제휴와 별반 차이가 없다는 점을 고려하면, 동아연맹론은 고노에의 동아신질서론을 현실적으로 발전·재생산하여 해당 지역에 보급하고자 하는 정치적 의도에서 비롯되었다고 판단된다. 당시 중

機)와 기시 노부스케(岸信介) 등이 주도한 일본의 만주지배에 비판적인 기조를 띠었다. 이로 인해 이시와라는 일본 정부의 감시를 받게 되었다.[『朝日新聞』(夕刊), 2008年3月25日]

37 앞의 책, 『最終戰爭論』, p. 75, p. 100.

국 대륙은 4개의 주요 세력이 분할 지배하고 있었다. 첫째, 장제스의 국민당정부가 지배하는 남서부 지방, 둘째, 마오쩌둥(毛澤東)의 공산당이 지배하는 변방지역과 일본군의 배후지역, 셋째, 점과 선으로 연결된 일본 점령지역, 넷째, 일본의 허수아비 정권인 왕징웨이가 지배하는 윈난, 쓰촨, 광시, 광둥 4개 성 등이다. 이 중 왕징웨이가 지배하는 4개 지역에서는 동아연맹론의 논리가 어느 정도 지지받았고, 이 외의 중국 일부 지역에서도 동아연맹론의 실천행동 격인 동아연맹운동이 조직적으로 전개되었다고 알려져 있다. 바로 이런 측면에서 동아연맹론은 "쇼와연구회의 동아협동체론보다 실천적이고 구체적인 운동으로 발전하였다."라고 평가받고 있다.[38]

그러나 동아연맹론은 일본의 만주국 건설의 중요한 사상적 도구로 작용했다. 중국 본토 침략 행위에 대한 중국인들의 반감을 완화함과 동시에 일중전쟁을 조기에 해결하는 것이 1차적인 목적이라면, 2차적인 목적은 일본과 만주, 그리고 중국을 중심으로 하는 공동방위 체제 확립과 일·중 제휴에 의해 다가올 세계 최종전쟁에 대한 대동아 단결, 즉 대동아공영권 구축의 이념 제공과 논리적 확충에 있었다. 이와 같이 동아연맹론의 전체상은 분명히 일본제국주의의 궁극적인 목적이라고 할 수 있는 대동아공영권 구축의 이론 체계에 지나지 않았다.

한편 동아연맹론은 형식적으로는 일종의 동심원적인 다국

38 今井隆夫,「東亜協同体論と知識人－新明正道『東亜協同体の理想』の位置」,『ソシオサイエンス』, 早稲田大学大学院社会科学研究科, 2000年, p. 322.

간 협력을 지향하였다. 즉 이시와라는 지역적 협력을 바탕으로 소련의 극동 정책을 좌절시키고 미국의 동아시아 정책을 단념케 할 수 있다고 생각하였던 것으로 보이며, 비록 구체적이지는 않지만 일만지(일본, 만주, 중국)라는 다자적 지역협력을 구상하였다고 평가할 수도 있다. 그러나 이 역시 숨겨진 목적 달성을 위한 수단일 뿐이었다.

제3절 | 동아협동체론(東亞協同體論)

동아협동체론은 "황국(皇国)을 핵심으로 하는 일만지(日満支)의 강건한 통합을 근간으로 하는 대동아의 신질서 건설"[39]이라는 주장을 받들어 당시 고노에 수상의 핵심브레인 역할을 담당한 쇼와연구회(昭和研究会)에 의해 전개되었다. 쇼와연구회는 고노에의 핵심 측근이었던 고토 류노스케(後藤隆之助: 고노에 수상과 교토대학 법학부 동급생)가 도쿄대학 정치학 교수인 로야마 마사미치(蠟山政道: 도쿄대학 법학부 교수)와 함께 1933년 10월에 설립한 조직이다. 주요 구성원은 고토와 로야마를 비롯하여 미키 기요시(三木清), 신메이 마사미치(新明正道), 가다 데쓰지(加田哲二), 쓰기와라 마사미(杉原正巳), 그리고 후일 공산주의 스파이 활동 혐의로 처형당하는 오자키 호쓰미(尾崎秀実)[40] 등

39 外務省外交資料館編纂, 『日本外交史辞典』, 大蔵省印刷局, 1979年, p. 216.
40 오자키 호쓰미(尾崎秀実)는 어릴 때 대만으로 이주하여 1922년 21살의 나이로

이다. 실제로 당시 동아신질서론의 해석을 둘러싸고 다양한 주장이 논단에 등장했는데, 그 핵심 논객은 쇼와연구회의 회원인 오자키, 미키, 로야마 등이었다. 동아협동체론은 "사변 해결 방책의 주요 요소로 등장"하였다는 주장이 있는 한편,[41] 동아신질서론의 "사상적 기반으로 중요한 역할을 한 쇼와연구회의 동아협동체론은 중국의 민족문제를 단순히 일중전쟁 해결을 위한 수단에서 비롯된 것이 아니라, 일본제국주의의 주된 모순으로 인식하면서 극복하고자 하는 의도"로 제기되었다는 주장도 있다.[42]

한편 우치다(内田弘)는 동아협동체론이 "동시대의 지정학적 문제를 타파하고 여러 민족이 국민국가를 초극하여 각각 고유성을 살리면서 상호 대등하게 보완·제휴하여 새로운 세계를 구축하려 하는 비전이다."라고 주장하고 있지만,[43] 단홍

도쿄대 법대에 입학하였지만, 공산주의 활동을 하느라 졸업하지 못했다. 그는 1926년 마이니치신문에 입사하여 레닌과 스탈린에 대한 글을 썼으며, 1927년 오사카 마이니치신문으로 전직한 뒤 1928년 11월 중국 상하이로 파견되어 중국공산당 및 코민테른 지도자들과 접촉하였다. 오자키는 3년간 상하이에서 기자로 활동하면서 소련의 스파이인 리하르트 조르게를 소개받아 공산주의 활동에 깊이 간여하게 되었다. 1934년 귀국한 뒤 도쿄에서 고토 류노스케의 소개를 받아 고노에 후미마로 수상이 설립한 쇼와연구회에 아사히신문 기자로 참가하였다. 그는 고노에 후미마로 수상의 정책보좌관 담당이 되어 대외 정책상의 비밀을 타국 공산주의 세력에 전달하는 등 간첩 활동, 특히 중국 공산화와 마오쩌둥의 중국통일을 가져오게 한 일중전쟁 발발(전쟁 선동)에 크게 기여하였다고 알려져 있다. 결국 1941년 10월 15일 리하르트 조르게 사건과 관련하여 간첩 혐의로 체포되어 1944년 11월 7일 처형되었다.(市川亮一, 「尾崎秀実の思想と行動」, 『一橋研究』 第26号, 一橋大学院生自治会, 1973年12月1日 참조)

41 竹内好, 『アジア主義』, 筑摩書房, 1969年, p. 323.

42 앞의 논문, 함동주, 「미키 키요시의 동아협동체론과 민족문제」, p. 340.

43 内田弘, 「三木清の東亜協同体論」, 『専修大学社会科学研究所月報』 第508号, 専修大学社会科学研究, 2005年, p. 1.

(胆紅)은 동아협동체론을 한마디로 정의할 수 없다고 주장한다.[44] 그러나 김경일은 동아협동체론이 일본의 침략전쟁인 일중전쟁을 정당화하고 합리화하기 위한 방안으로 내놓은 논리였을 뿐 아니라, 배타적 광역경제권을 내포하고 있는 대동아공영권의 초안으로서 일·미 최종전쟁을 눈앞에 두고 안출된 논리라고 주장한다.[45] 따라서 동아협동체론은 1930년 말 일중전쟁의 여파로 중국에서 반제국주의 운동 및 반일 불매운동이 일어나자, 쇼와연구회가 '일본을 중심으로 동아시아 지역 국가 및 민족을 초월하는 협동체를 실현하겠다'는 일본 정부의 이념에 따라 정책적으로 전개한 이념으로 판단된다.

쇼와연구회의 미키는 고노에의 동아신질서론을 가장 먼저 이념화하고 실천하고자 한 대표적인 인물이다. 쇼와연구회 문화부회장으로 활약한 그는 1937년 8월 17일 「큰 각오(大なる覚悟)」에서 "일본의 불확대 방침에도 불구하고 중국이 반성하지 않아 결국 사변이 확대되었다. 이제 일본은 미증유의 시국 상황을 맞이하였다. 우리들은 진정으로 거국일치하여 시대적 어려움을 극복해야 한다."라며 강건한 대비책을 주장하였다.[46] 하지만 일중전쟁 직후인 1937년 11월 『중앙공론(中央公論)』에 발표한 「일본의 현실(日本の現実)」에서는 "일본의 대중국 행동의 목표는 중국을 식민지화하는 것이 아니라, 오히려

44 앞의 논문, 「「東亜協同体」論をめぐって」, p. 19.
45 김경일, 「대동아공영론의 정책적 전개과정」, 『선주논총』 제15집, 금오공과대학교 선주문화연구소, 2012년 12월, p. 123.
46 三木清, 『三木清全集(19)』, 岩波書店, 1968年, p. 256.

서구 열강의 제국주의에 의한 중국의 식민지화에서 중국을 해방시키는 것이다."라고 항변하였다. 뿐만 아니라 지금 중국에서 전개되고 있는 "배일항일(排日抗日) 사조에 대해 일본은 중국 정부에 진압책을 요구하는 것 외에도, 일본 스스로 이에 대항할 수 있는 사상 정책, 문화 정책을 전개해야 한다."라고 강조하였다.[47] 그는 1938년 12월 「동아사상의 근거(東亜思想の根拠)」에서도 "중국의 독립을 방해하고 있는 것은 서구 열강의 제국주의이다. 일본의 의도는 중국을 백인 제국주의에서 해방시키는 것이다."라고 하면서, 중국에 대한 일본의 군사적 행동은 백인 제국주의를 중국에서 몰아내기 위한 대안적 수단 차원에서 이루어졌다고 주장하였다. 미키는 일본의 군사적 행동의 목표는 "자본주의의 폐해를 시정하고 일본과 중국의 공존공영을 꾀하는 것"에 있기 때문에, 지금 전개되는 반일운동과 일·중 양국의 군사적 충돌의 근원적 해결방법은 양국은 물론 세계 민중이 공감할 수 있는 사상을 찾는 데 있다고 보았다. 미키는 먼저 동아시아의 대표적인 종교인 불교에 주목하면서 불교가 일·중 제휴의 기초가 될 수 있다고 주장하였다.[48] 또한 일·중 양국의 당면과제가 "양국의 민중이 서로 소통하는 것"이라고 강조하면서, 양국의 문화적 결합이 일·중 친선의 기조가 되어야 한다고 주장하였다. 그는 "일본문화는 고래(古來)부터 대부분 중국문화로부터 일방적으로 영향을

47 内田弘編, 『三木清 東亜協同体論集』, こぶし書房, 2007年, pp. 8-13.
48 앞의 책, 『三木清 東亜協同体論集』, p. 25, p. 23.

받아 왔다. 그러나 이번에는 일본문화가 적극적으로 중국문화에 영향을 끼치게 되었다. 이는 동아문화통일의 기초가 될 것"이라고 보았다.[49]

미키의 주장 이면에는 중국의 극단적인 민족주의와 그로 인한 반일정서를 완화하고자 하는 정치적 의도가 숨어 있다. 그는 일·중 연대와 통합의 연결고리로 불교와 문화의 역사적 교류를 강조함으로써 양국이 더 이상 대립과 충돌의 대상이 아니며 동문동종과 서세동점에 대한 인식의 공유가 필요하다고 제언하고 있는 것이다. 미키는 일중전쟁 발발 직전만 해도 대외강경론의 논조였지만, 전쟁이 전선 확대로 이어지자 유화적인 태도로 급선회했다. 용어 선택에 있어서도 기존의 '각오', '거국일치' 등에서 '일중친선', '동양평화', '동아문화통일' 등 일·중의 연대와 협력을 중시하는 용어를 사용하는 것으로 바뀌었다. 이는 중국에 대한 일련의 군사적 행동이 일본의 국익에 결코 도움이 되지 않으므로 일본의 군사적 행동이 극히 제한적으로 사용되어야 한다는 쪽으로 미키의 인식이 바뀌었음을 방증한다. 이처럼 미키는 대중국 강경론자에서 유화론자로 변모하였으며 일중전쟁의 조기 종결을 갈망하였다. 그의 이러한 일련의 행동과 주장은 일중전쟁의 조기 종결에 국한된 것은 아닌 듯하다. 그는 만주국 문제와 일중전쟁 문제를 극복하고 치유할 수 있는 상생의 이념, 그리고 동아시아를 둘

49 앞의 책, 『三木清 東亜協同体論集』, pp. 20-21, p. 176.

러싼 불확실한 미래에 돌파구를 마련해 줄 새로운 동아시아 통합이념이 절실하다고 보았다. 이러한 대안책이 바로 동아협동체였다. 미키에게 동아협동체는 군사력을 바탕으로 하는 일방적인 정치·경제 통합이 아니라 동심원적 상호협력주의에 기초하여 일본 중심의 지역협력 체제를 구상하는 것이었다고 볼 수 있다.

동아협동체의 동아시아는 일만지를 주축으로 하는 경제블록 내지는 지역통합, 즉 지역주의를 지향하였다는 사실에 주목하지 않을 수 없다. 그런데 일만지의 지역통합 내지 광역권 경제블록 구축의 전제 조건은 각 지역에 존재하는 배타적 민족주의를 배척하는 것이었다. 예컨대 미키는 일본과 중국이 배타적 민족주의를 버리지 않는 한 "일·중 양국은 언제나 다투는 나라가 될 것이다."라고 경고하였다. 그는 "일만지 일체의 사상(동아협동체: 필자)은 민족주의 사상을 뛰어넘는 원리를 토대로 동양에 새로운 질서를 건설할 것을 요구받고 있다. (중략) 이미 만주국은 오족협화를 이상으로 하고 있다. (중략) 일만지의 통일은 현단계에서 가장 이상적이고 현실적인 통일이 될 것임을 늘 기억하지 않으면 안 된다."라고 강조하면서, 동아협동체가 "일·중 양 민족을 연계시키는 사상" 내지는 "민족주의를 초극할 수 있는 사상"이라고 보았다.[50] 한편 가다데쓰지(加田哲二)는 동아협동체가 "일본인만의 문제가 아니라

---

50 앞의 책, 『三木清 東亜協同体論集』, pp. 30-33.

많은 동양인들의 문제"이자, "지금 사변에 관계하고 있는 중국인의 문제"이기도 하다고 보았다.[51] 그는 동아협동체의 목적은 중국 대륙의 정복이 아니라고 주장하였다. 동아협동체는 중국의 근대화를 조성하기 위한 선의의 행동에서 출발한 것으로, 근대 자본주의의 폐해에서 중국을 구원하기 위한 대안책이며, 나아가 동아시아 여러 국가와 연대하여 신질서를 구축하기 위한 방책이라고 강조하였다. 즉 일본의 중국 침략 행위는 단순히 중국을 지배하기 위해서가 아니라, 동아시아 통일이라는 대국적인 차원에서 이루어졌다고 보았다. 같은 맥락에서 미키 또한 일본에 의한 동아통일은 "서구 열강의 제국주의 억압에서 중국을 해방시킬 수 있는 유일한 대안"이기 때문에, "일본은 이번 중국사변을 통해 이와 같이 중국의 해방을 위해 전력해야 한다."라고 주장하였다.[52]

미키는 일·중 양국이 직면한 과제는 상호협력과 이해증진 속에서 능동적으로 대응하여 해결할 수밖에 없으며, 여기에는 중국의 반일정서를 해소하고 중국인과 소통할 수 있는 유일한 수단인 '동아협동체'라는 사상적 논리가 필요하다고 보았다. 이처럼 동아협동체론에는 다양한 요소들이 포함되어 있지만, 주된 요소는 제국주의 배척과 민족주의 초극으로 요약할 수 있다. 실제로 오자키(尾崎秀実)는 동아협동체가 신질서의 실현수단이며 일중전쟁의 진행과정 속에서 표출된 역사적

51 加田哲二,『東亜協同体論』, 日本青年外交協会版, 1939年, p. 3.
52 앞의 책,『三木清 東亜協同体論集』, p. 177.

산물이지만, 일본의 제국주의 침략 정책은 바람직하지 않다고 주장한 바 있다.[53] 또한 하시가와 분조(橋川文三)는 동아협동체론의 의의를 다음과 같이 평가하였다.

> 첫째, "일본주의 및 황도주의에 의한 동아시아 통일의 관념성과 편향성을 비판했으며, 아시아 연대의 기본원리로서 각국에 공통되는 보편적 정치이념을 추구한 점", 둘째, "경제블록적 원리를 부정하고 자본주의 이념의 극복을 국내개혁정치와 대륙정치 양면에 걸쳐서 추구한 점", 셋째, "아시아 연대의 이념 형성이 동아시아의 새로운 국가연합을 가능케 할 뿐 아니라 세계사의 새로운 단계에서 세계적인 원리를 창조하게 할 것이라는 기대를 가지고 있었던 점", 넷째, "동아협동체의 이념이 현실적 계기로서 중국 민족주의에 대한 공감대를 형성하고 있으며 긍정적인 자세가 보인다는 점".[54]

이와 같이 하시가와는 전향적이고 미래지향적인 평가를 내리고 있다. 다시 말해 동아협동체는 아시아 연대의 기본원리에 입각하여 동아시아 각국이 공감할 수 있는 보편적 정치이념을 추구하는 것이 그 주된 목적이라는 것이다. 또한 "동아

---

53 앞의 논문, 김경일, 「대동아공영론의 정책적 전개과정」, pp. 122-123.

54 橋川文三, 「東亜新秩序の神話」, 『近代日本政治思想史』, 有斐閣, 1970年, p. 362.

시아 신질서 창설이라는 정부 성명(고노에 성명)은 동아시아의 여러 민족, 특히 중국 민족을 노예 상태에서 해방시키는 것이지만, 그것을 한층 더 심화시키고 발전시키고자 한 것이 우리(쇼와연구회) 논단의 주장이다."[55]라는 대목에 한정해서 본다면, 제국주의 약탈과 침략에서 중국 민중을 해방시키는 것이 동아협동체론의 주된 목적인 것처럼 보인다.

하지만 로야마 마사미치(蠟山政道)가 동아협동체론의 이념에서 "일본의 대륙 경영의 최대 목적은 민족협화를 내포하는 지역적 개발계획에 있다."[56]라고 주장한 것을 통해 우리는 그가 중국민족주의에 반하는 오족민족의 통합 논리를 내세우고 있음을 알 수 있다. 민족협화론은 일본과 중국, 그리고 만주족, 몽골족, 한국을 포함한 오족협화(五族協和)를 지칭한다. 만주국 통치의 사상적 도구였던 오족협화론은 만주를 중국 본토에서 분리해야 한다는 정치적 의도를 강하게 내포하고 있다. 무엇보다 로야마는 만주를 중국 본토에 종속된 지역이 아닌 독립된 지역으로 인식하고 있었다. 그는 국방과 생존권 관점에서 만주를 중국에서 분리하는 중국분할론에 공감하지 않을 수 없었다. 이러한 로야마의 대중국 인식 역시 독점자본의 배타적인 블록경제 체제에 일만지를 포함하고 있다는 점에서 일만지를 주축으로 이루어진 대동아공영권과 매우 밀접하다고 판단된다. 이는 "동아경제협동체의 한 축으로서 일만경제블

---

55 앞의 책, 『東亜協同体論』, p. 7.
56 蠟山政道, 『東亜と世界』, 改造社, 1941年, p. 20.

록은 현재 만주 개발 5개년 계획으로 진행되고 있다."[57]라는 언급과 "동아협동체의 동아는 일만지를 나타낸다."라는 언급에서 보다 분명히 드러난다. 로야마의 주장에서 우리는 대동아공영권의 환영(幻影)을 엿볼 수 있는데, 이것이 나중에 대동아공영권 이념으로 이어졌다고 판단된다.

이와 같이 동아협동체론은 일중전쟁의 전선 확대 방지와 반일정서 완화, 그리고 일본의 외교적 고립을 회피하기 위해 내놓은 전략이었다고 판단되지만, 동양적 가치와 군사력에 의한 일방적 통합을 강요하는 것이 아니라 서구적 가치를 기반으로 하는 보편적인 이념과 협력을 중시하는 미래지향적인 사상 체제를 어느 정도 담고 있었다고 볼 수도 있다. 동아협동체론의 선결 조건은 일본의 국익을 중시하는 이기적 논리를 청산하는 것이었다. 그러나 동아협동체론은 동아신질서의 논리를 계승하고 실천해야 한다는 정치 논리에 의해 그 한계를 드러내면서 실패하였다. 동아협동체론의 실현 가능성은 상호존중과 상호이익에 있었지만, 일본의 대중국 정책과 만주국에 대한 정책 방향과 행동은 일본의 일방적 이익 확대로 나아가고 있었다. 무엇보다 만주국을 포함한 화베이 지방을 중국에 반환하는 것은 물론 이곳에 주둔하고 있는 군대를 철군하는 것이 동아협동체론 실천의 선결 조건이었지만, 이를 실행에 옮기지 않은 시점에서 이미 그 한계를 노출하였다고

57 앞의 책, 『東亜協同体論』, p. 55.

판단된다. 즉 일본은 동아시아 핵심지역인 만주와 그 주변지역을 안정적으로 확보 유지하기 위한 방법론 모색 차원에서 동아협동체론 등을 주장하였다. 심장지역(heartland)인 만주의 확보가 중국 본토 진출과 해양 세력인 미·영 세력 방어를 용이하게 해 주며, 태평양으로 나아갈 수 있는 출구 확보에도 도움이 된다고 보았기 때문이다.

제5장

전후 일본의 지정학적 모색

제5장

전후 일본의 지정학적 모색

제5장에서는 지정학적인 관점에서 전후 일본의 국시(國是)를 어디에 둘 것인지 고찰하였다. 대륙 세력인 중국에 주안점을 두고 총 3절로 구성하였으며 특히 중국과의 관계 설정을 집약적으로 다루었다.

제1절 | 일본의 '탈중국론(脫中國論)'

중국은 〈그림 5〉와 같이 만주, 내몽골, 티베트와 신장위구르를 강제적으로 복속하여 지정학적 방어선을 구축하였다. 해양에서도 시사(西沙)·둥사(東沙) 제도를 무력으로 점령하고 있을 뿐 아니라, 센카쿠 열도 등 주변 해양 지역을 중국 세력권 내에 두려고 노력하고 있다.

특히 중국은 "필요한 에너지를 계속해서 공급하지 않으면 국가는 소멸한다. 국가가 생존 발전에 필요한 자원을 지배하

그림 5 중국의 지정학적 방어선(위구르, 티베트, 내몽골, 만주)

는 것은 성장하는 국가의 정당한 권리이다."라는 칼 하우스호퍼의 논리를 해양 정책에 적용하였고, 지금도 원활한 에너지 자원 확보를 위해 아시아의 친미적 질서에 정면으로 도전하면서 중국 중심의 신질서 구축에 전력하고 있다.[1] 중국은 2023년 14억 인민에게 필요한 모든 물품을 중국 내에서 제조해야 한다고 선언한 뒤부터 제조업과 반도체 역량 강화에 전력하고 있다. 또한 에너지 자원 확보 정책 면에서도 "중국은 인구도 많고 1인당 자원도 부족하지 않은 나라이지만, 새로운 전략 자원을 개발하여 국력과 군사력을 증대시키는 것이 중국의 21세기 국운을 결정한다."라는 1980년대 덩샤오핑(鄧小平) 시기의 방침을 유지하고 있다.[2] 즉 안정적인 에너지 자원 확보가 중국의 미래와 패권적 지위에 필수적인 요소라고 인식하는 것이다. 에너지와 식량 그리고 정보를 지배하는 자가 세계를 지배한다는 가설은 오늘날 미국만이 아니라 중국에게도 해당되며, 실제로 중국은 이를 실천에 옮기고 있다.

중국은 에너지 자원 확보 정책과 함께 자국의 국경선을 기존의 지리적 차원에서 전략적 차원으로 확장하여 열도선 개념을 적용하였다. 중국은 "국경은 국력에 따라 변화하는 것이며 지리적 차원을 벗어나서 전략적 지역을 장기적으로 유효하게 지배하면 국경선을 확대할 수 있다."라고 주장하면서, 전략적 지역을 "국가와 민족의 생존공간"으로 인식하고

---

1 앞의 책, 平間洋一,「海洋權益と外交·軍事戦略」, pp. 11-12.
2 平松茂雄,『甦る中国海軍』, 勁草書房, 1991年, pp. 171-172.

있다.[3] 이는 과거 칼 하우스호퍼가 주창한 생활권 이론의 민족국경론과 유사하다. 하우스호퍼는 국경의 기준이 산맥이나 하천 등의 자연적인 요소에 의해서 획정되는 것이 아니라, 민족의 번영과 쇠퇴에 따라 얼마든지 변동한다고 보았으며, 특히 우수한 민족이 열등한 민족을 지배하여 보다 넓은 영토를 차지할 수 있다고 보았다. 이러한 논리에 따라 중국은 중국 연안 대부분을 영해로 간주하고 주변 국가는 물론 해양국가인 일본까지 위협하고 있는 실정이다.

근대 일본은 남방이 아니라 북방 진출을 적극적으로 추진하였는데, 이는 칼 하우스호퍼가 제시한 대륙형 지정학을 수용한 결과라고 할 수 있다. 이는 물론 실패로 끝났는데, 일본의 지정학자인 구라마에 모리미치(倉前盛通)는 그 원인을 "매킨더, 머핸, 스파이크먼 등 영미계 지정학자에 비하면 독일과 스웨덴계의 지정학자는 폐쇄성이 강하고 구상의 웅대함도 결핍되어 있다. 그런데 불행하게도 1915년경부터 일본의 육군 참모본부는 독일형 지정학에 집착하였다. 이것이 1945년 패전까지 그대로 유지되어 일본 외교 정책이 실패한 원인 중 하나가 되었다."라고 지적하고 있다.[4] 이러한 일본지정학의 독일 편중에 가장 근접한 인물은 야마가타 아리토모(山県有朋)라고 볼 수 있다. 1889년 6월 그는 이토 히로부미(伊東博文)의 소개로 오스트리아 빈 대학교의 정치학 교수인 로렌츠 폰 슈타

3　앞의 책, 『甦る中国海軍』, pp. 171-172.
4　구라마에 모리미치(김흥주 역), 『悪의 논리』, 弘盛社, 1981년, p. 43.

인(Lorenz von Stein)을 만나게 된다.[5] 슈타인은 국가의 육체는 영토이며 국가의 정신은 민족이라고 주장하면서 국가를 하나의 유기체로 인식한 지정학자이기도 하다. 이 만남에서 야마가타는 1891년 착공한 시베리아철도 건설로 인한 러시아의 정치·군사적 영향력에 대해 질문하였는데, 이 과정에서 권세강역(주권선)과 이익강역(이익선, 완충지대)이라는 지정학적 개념을 접하게 되었다. 슈타인은 시베리아철도가 일본에 큰 위협은 되지 않지만, 만약 러시아가 조선을 점령함과 동시에 부동항인 원산에 해군기지를 설치한다면 일본의 안보에 치명적일 수밖에 없다고 주장하였다. 또한 그는 일본이 직접 조선을 지배할 필요는 없으며, 조선이 중립국이 될 수 있도록 영국·프랑스·독일 등 열강의 승인을 받으면 된다는 외교 전략을 제시하였다.[6] 하지만 야마가타가 1890년 3월 제국의회에서 발표한 「외교정략론」은 슈타인의 조언과 달랐다. 그는 주권선과 이익선을 강조하며 대륙 진출을 위한 군비 증강을 강력하게 주장하였다.[7]

이처럼 당시 일본에서는 제국주의적 팽창 논리가 팽배하였지만, 일본의 군비 증강에 반대하는 이상주의적 자유민권론

---

5 이토는 1882년 8월에도 슈타인에게 헌법 구상에 대해 조언을 구한 적이 있다.

6 加藤陽子, 『戦争の日本近現代史』, 講談社現代親書, 2002年, pp. 83-93 참조; 정의길, 『지정학의 포로들』, 한겨레출판, 2022년, pp. 466-467.

7 야마가타는 슈타인과의 만남에서 통역을 통해 자신이 1888년 1월에 완성한 「군사의견서」를 보여 주며 시베리아철도 착공 등에 대한 의견을 물었다고 한다. 「군사의견서」에는 지정학적 개념을 나타내는 주권선과 이익선이라는 용어가 담겨 있었던 것으로 보인다.(앞의 책, 『戦争の日本近現代史』, pp. 86-87 참조)

자도 있었다. 대표적인 인물은 소일본주의(小日本主義)를 주창한 이시바시 단잔(石橋湛山)이었다. 그는 "아시아 대륙에서 영토를 확장해서는 안 되며, 만주도 빠른 시일 내에 포기해야 한다. (중략) 새롭게 중국 산둥성 일부에 영토를 획득하는 것은 해악(害悪)에 해악을 거듭하는 것이다. 반드시 반대해야 한다. 일본이 만약 칭다오(青島)를 영유하면 중국에 위협을 가하게 되어 배척받을 것이다. 미국에게도 위험시될 뿐만 아니라, 동맹국인 영국에게도 질투와 시기를 사 견제를 받을 것이다."라고 경고하면서 팽창 정책 포기론을 적극적으로 주장하였다.[8] 이러한 주장의 배경에는 미·영의 견제에 의한 안보적 위협을 차단하고자 하는 정치적 목적도 물론 있었을 것이다. 하지만 이러한 주장의 더 근본적인 배경은 이시바시의 가치관에 있었다. 그는 일본의 영토 확장이 결코 자국의 국익에 도움이 되지 않으며 오히려 국력 낭비라고 보는 입장이었다. 즉 그는 일본이 중국 대륙에 간여하면 할수록 경제적 손실만 커질 것이라고 보았다. 실제로 당시 중국에서 일본의 영향력 아래 있던 지역은 일본과의 무역이나 일본인 이민이 증가하였지만, 일본 정부도 식민지 지배 경비로 많은 세금을 지출해야 했기에 국민의 세금 부담이 커지고 민생은 오히려 피폐해졌다. 따라서 일본 국내 경제는 더욱 침체될 수밖에 없었다. 무엇보다 이시바시 단잔이 우려한 점은 자유민주주의 최강국이자 해양

---

8 石橋湛山全集編纂委員会編, 『石橋湛山全集(1)』, 東洋経済新報社, 1971年, pp. 375-381.

세력인 미국과의 대립이었다.

미국은 산업화에 힘입어 대량 생산이 가능하였지만, 국내 소비만으로는 산업을 견인할 수 없었기 때문에 안정적이고 영구적인 시장이 필요하였다. 그 결과 미국은 해외 시장 개척과 원자재 확보를 국가 정책의 최우선 과제로 삼고 태평양 지역으로 진출하는 전략을 취하였다. 미국은 일본을 비롯하여 한국, 필리핀 그리고 중국에 눈을 돌렸다. 특히 만주는 서구 열강의 영향력이 미치지 못한 지역이라 자연스럽게 후발주자인 일본과 미국이 진출하였고 일·미 양국은 경쟁 속에서 대립할 수밖에 없는 상황이 되었다. 결과적으로 이 대립은 충돌로 치달았고, 양국이 전쟁에 돌입하는 최악의 국면을 가져오는 시발점이 되었다. 일·미 양국은 태평양전쟁의 당사자가 되었으며 패자인 일본은 전후에 모든 책임을 질 수밖에 없었다.

이시바시가 지적한 바와 같이 일본이 팽창 정책과 만주를 포기했다면 지금의 공산주의 중국은 존재하지 않았을 것이다. 구라마에 모리미치는 그의 저서 『악의 논리(悪の論理)』에서 "어떤 경우에도 만주와 중국이라는 대륙에는 정치적으로나 경제적으로 깊이 간여해서는 안 된다."라고 지적한 바 있으나, 전후 일본은 중국과의 관계를 확대하려 했다.[9] 그런데 역설적이게도 그 대표적인 인물은 과거 팽창 정책과 만주 포기를 주창한 이시바시 단잔이었다. 전후 그는 친미 일변도의 외

9 앞의 책, 『悪의 논리』, p. 264.

교 전략에서 탈피하고자 하였으며, 중국과의 민간교역에 많은 관심을 가지고 양국 관계를 강조하였다. 일본은 1952년 6월을 시작으로 1953년 10월, 1955년 5월까지 연이어 중국과 민간무역협정을 맺었고, 일본과 중국의 관계는 급속도로 밀접해졌다. 1960년 8월 중국의 저우언라이(周恩来) 총리가 '대일 3원칙'을 발표하면서 양국 사이에 쌓여 있던 과거의 앙금이 사라지는 듯하였다. 1962년 11월 자민당의 다카사키 다쓰노스케(高崎達之助)가 경제사절단을 이끌고 방중하여 랴오청즈(廖承志) 아시아-아프리카연대위원회 주석과 회담하고 일중무역각서에 조인하였다. 그러나 이러한 일·중 양국의 무역 확대는 미국의 대중국 정책을 위반하는 행위였다. 예컨대, 1962년 12월 케네디(John F. Kennedy) 대통령은 워싱턴에서 개최된 제2회 미일무역경제위원회에서 "어떠한 수단과 방법을 동원해서라도 중국공산주의 확장을 저지하여 중국이 아시아에서 지배적인 위치를 확보하지 못하도록 하는 것이 시급한 현안"이며, 여기에 "일본의 역할이 대단히 중요하다."라고 강조한 바 있다.[10] 당시 일·중 간 무역은 랴오청즈와 다카사키의 이니셜을 따 'LT무역'이라 불렸으며, 1972년 9월 일·중 국교 정상화의 중요한 계기가 되었다.[11]

일본의 대중국 정책은 1980년대에 덩샤오핑이 '3대 과제'

---

10 鹿島平和研究所編, 『日本外交主要文書·年表(2)』, 原書房, 1984年, pp. 431-434 참조.

11 毛利和子, 『日中関係-戦後から新時代へ』, 岩波新書, 2006年, pp. 39-45 참조.

를 대내외에 천명하면서부터 본격화되었다. 당시 덩샤오핑은 "첫째, 중국은 패권에 반대하고 세계평화 실현에 노력할 것이다. 둘째, 중국은 대만의 본토 반환, 즉 중국의 재통일을 위해 전력할 것이다. 셋째, 중국은 경제구조를 강화하고 중국의 근대화를 위해 전력할 것이다."라고 발표하였다. 특히 그는 '3대 과제'를 실천하기 위한 노력의 일환으로 중국은 세계에서 가장 평화를 사랑하는 나라이며 전쟁을 바라지 않는다고 대내외적으로 밝히기도 하였다.[12] 그 결과 미국을 비롯한 서방 국가들은 중국에 대한 경제적 투자를 아끼지 않았으며, 일본 역시 여기에 편승하여 중국과의 관계를 확대하고자 하였다. 이러한 일본의 움직임은 1985년 '플라자 합의'에 따른 경제적 돌파구 마련 차원에서 이루어졌다는 분석도 있지만 결과적으로 최악의 선택이었다고 평가된다. 미국은 소련 견제라는 전략의 일환으로 중국을 선택하였지만, 일본은 미국과 같은 전략이나 외교적 목표보다는 오로지 경제적 목적에서 중국과의 관계를 생각하였다. 국가적 전략이나 지정학적 논리를 간과하고 오로지 경제적 이익에만 주안점을 두고 중국과의 관계를 전개한 일본은 이후 엄청난 대가를 치러야 했다.

일본을 비롯한 서방 국가들의 대대적인 투자를 통해 중국은 1980년 이후 30여 년 동안 연평균 10%의 고도 경제성장을 이루며 국력을 증대시켰다. 이는 사회의 안정을 위협하는

---

12 猪口孝,『日本のアジア政策』, NTT出版, 2003年, p. 141.

최대 불안 요소인 빈곤을 어느 정도 일소하고 공산당의 지배력을 강화하는 효과를 가져왔으며, 궁극적으로는 중국이 일본을 뛰어넘는 경제력과 군사력을 갖출 수 있게 하였다. 중국의 경제적·군사적 부상은 일본의 경제적 추락을 초래하였을 뿐 아니라 동북아시아의 안보를 불안정하게 만들었다. 결국 2009년 세계 2위 경제대국 자리는 일본이 아닌 중국이 차지하였다. 이제 중국의 경제적·군사적 성취는 공산당의 체제 선전에 이용되고 있으며 중국의 국수주의를 강화시키고 있다.

일본이 메이지유신과 함께 대륙 진출을 국시로 설정하고 한반도와 중국 대륙을 침략한 것이 자국의 이익에 얼마만큼 부합했는지 자문한다면, 그리 성공적이지 못했다는 것이 정답일 것이다. 일본은 미국에 의해 패망하였지만, 엄밀히 따지면 한반도와 중국 대륙에 깊숙하게 간여하는 순간부터 패망의 길로 들어섰다고 볼 수 있다. 전후 일본이 역사적 교훈을 무시하고 경제적 차원에서나마 재차 중국에 진출함으로써 얻은 결과 역시 참담하다. 21세기 일본은 이 참담한 현실을 타개하기 위한 선택의 기로에 놓여 있다고 할 수 있다.

일본의 탈중국론은 대중국 정책 실패와 일·중 양국의 대립과 마찰에서 그 근거를 찾을 수 있다. 일본 기업들은 중국 리스크를 충분히 인식하고 있지만 기업의 경영을 고려하면 탈중국은 현실적으로 어렵다. 하지만 중국에서 일본의 기업 활동이 과거와 달리 긍정적이지 못한 것도 사실이다. 예컨대

2015년 「중국경제의 현상과 일본 기업의 동향(中国経済の現状と日本企業の動向)」은 "중국에 진출해 있는 일본 기업들 대다수가 중국의 정책으로 인해 사업 환경의 악화를 겪고 있다. 중국에서 사업을 축소하거나 철수하지 않으면 안 되는 회사가 점점 증가할 것이다."라고 경고한 바 있다.[13] 일본 기업들의 중국 철수 배경에는 환경오염물질에 대한 규제 강화, 저임금에 대한 기대치 하락, 중국 내의 수요 급감 그리고 기술 유출 등 다양한 요인들이 작용하고 있다.

예를 들어 상하이의 미쓰비시(三菱)엘리베이터는 미쓰비시전기와 상하이전기그룹의 합작기업으로, 일본의 기술력과 중국의 판매력이 잘 조화되어 있다. 이 회사는 중국의 부동산 개발 붐을 타고 급성장을 이룩하였다. 설립 후 30년 만에 엘리베이터 누적 판매 대수가 60만 대에 이르는 등 중국 내 엘리베이터 업계에서 독보적 지위를 누려 왔다. 이 회사의 2015년 매출은 약 2,800억 엔, 순이익은 약 330억 엔이었다. 그러나 부동산 개발이 둔화됨에 따라 2017년부터 수요가 급감하였으며 판매율도 저조해졌다. 향후 매출 확대가 어렵기 때문에 새로운 수익처 확보가 회사 운영의 과제가 되고 있다.[14] 그런데 이처럼 경영부진으로 철수를 심각하게 고민하고 있으면서도 현실적으로 그렇게 할 수 없는 딜레마를 안고 있는 일본

---

13 宮田顯, 「中国経済の現状と日本企業の動向」, 『YBC(5)』, 山田ビジネスコンサルティング株式会社, 2015年, p. 8.

14 緒方卓, 「「政治最優先」へ変化する中国と日本企業の対応」, 『知的資産創造』, 野村総合研究所, 2017年, p. 120.

기업이 적지 않다.[15]

일본 기업의 중국 철수 원인은 경쟁력 저하, 인건비 상승, 엔화 약세 등에 의한 채산성 악화의 결과로 보이지만, 정치적인 문제도 영향을 미치고 있는 것이 사실이다. 「2023년 중국 무역」에 의하면, 일·중 간 무역 총액은 전년 대비 3.8% 감소한 42조 1,822억 엔, 수출은 6.5% 감소한 17조 7,647억 엔, 수입은 1.7% 감소한 24조 4,175억 엔이었다. 무역수지 역시 6조 6,528억 엔으로 적자인데, 이 적자폭은 점차 확대되고 있다.[16] 일본 기업들에게 중국은 더 이상 매력적인 시장이 아니다. 현시점에서 일본의 최대 수출상대국은 중국이 아닌 미국으로, 수출 규모는 2023년 기준 전년 대비 11% 증가한 20조 2,668억 엔에 달하고 있다.

현재 중국은 미국의 봉쇄 정책에 대한 대응책 마련에 부심하면서도 강경한 입장을 고수하고 있는데, 이는 미국은 물론 주변국인 일본과의 마찰로 이어지고 있다. 2005년부터 일·중 양국은 동중국해 가스전 개발을 둘러싸고 갈등을 빚고 있다. 일본업체가 시추에 나설 경우, 중국 해군이 출동하는 심각한 사태까지 예상되는 상황이다. 동중국해 수역은 폭이 400해리에 못 미쳐 일·중 간 배타적 경제수역(EEZ)이 겹친다. 중국은 대륙붕이 이어져 있는 오키나와 앞바다까

15 堀いつ子·日上正之など, 「日系企業の海外事業からの撤退について」, 『JOI』 第7月号, 海外投融資情報財団, 2017年, p. 21.
16 金藤力, 「2023年の中国貿易-輸出額は7年ぶり, 輸入額は3年ぶりの減少-」, 『東海日中貿易センタ』 2024年3月号.

지가 자국의 EEZ라고 주장하는 반면, 일본은 겹치는 수역의 중간선을 경계로 삼아야 한다고 맞서고 있다.[17] 2000년대에 들어 일본은 자국의 안보를 미국에 의존하고 있는데, 부시(George W. Bush) 정부가 추구하는 군사적 패권을 기반으로 한 일극주의적(一極主義的) 세계 질서에 안주하면서 자국의 군사력을 확충할 필요성을 느끼지 못했다. 또한 신자유주의적 긴축재정의 요구도 있어 방위비를 삭감하는 상황이었다. 이와 달리 중국은 같은 시기 국방 예산을 증액했다. 2003년 이후 10년간 중국의 국방 예산은 3.89배나 증가했지만, 일본은 0.95배 증가에 머무르면서 양국의 군사비 격차는 급격하게 벌어졌다.[18]

2010년 9월 7일에는 센카쿠 열도 부근에서 중국 어선과 해상자위대 군함이 충돌하는 사건이 벌어졌는데, 이때 일본이 중국인 선장을 공무 집행 방해 혐의로 체포하면서 양국은 극단적으로 대립하게 되었다. 이 사건 이후 중국은 자국 어선 보호를 명목으로 센카쿠 열도 앞바다에 어업 감시선을 파견하기 시작했고, 이에 대응해 일본은 2012년에 센카쿠 열도의 국유화를 선언하였다. 이러한 일본의 조치는 중국의 반일운동과 불매운동으로 이어졌고, 그로 인해 중국에서 사업하는 일본 기업은 막대한 손실을 입게 되었다. 2023년 일본이 후쿠시마 제1원자력발전소 오염수(처리수) 방류를 시작하자 중국

17 「동중국해 가스전 싸고 갈등」, 『중앙일보』, 2005년 3월 28일.
18 中野剛志, 『富国と強兵』, 東洋経済新報社, 2017年, pp. 540-541.

은 국가적 차원에서 반일운동을 전개하였으며, 일본산 해산물 수입을 전면적으로 금지하였다. 반일여론 조성에는 중국 정부가 조직적으로 개입하고 있는 것으로 알려져 있는데, 여기에는 국내적 불안 요소들을 반일 선동으로 해소하고자 하는 정치적 의도가 내포되어 있기도 하다.

중국은 지금까지 미국의 세계 전략을 역이용하여 일본을 제치고 세계 2위 경제 대국 자리를 차지했고, 이제는 주변 국가와의 갈등과 대립에도 불구하고 미국을 뛰어넘어 세계 패권을 차지하려 하고 있다. 하지만 중국은 미국이 가지고 있는 6가지 패권 요소, 즉 기축통화(달러), 수송로의 안정적 확보(해상 및 육상), 핵심 자원(석유, 식량, 에너지, 광물 등)의 안정적 확보, 군비와 첨단 군사 장비의 독점화, 언어의 세계화(영어), 보편적 가치(자유민주주의 등)의 공유 및 제공 등에 있어 미국보다 우월한 지위에 있지 않다.[19] 이러한 측면에서 본다면, 일본은 미국이 주도하는 자유민주주의 질서에 선제적으로 편승하고 대중국 포위망 구축에 적극적으로 협력하면서 탈중국으로 나아갈 수 있다. 만약 일본이 탈중국을 두려워하고 주저한다면 과거의 전철을 밟게 될 것이다.

19 피터 자이한(홍지수·정훈 역), 『21세기 미국의 패권과 지정학』, 김앤김북스, 2019년 참조.

제2절 | 일본의 '입아론(入亞論)'

전후 일본은 과거 만주와 같이 자국 경제를 뒷받침할 수 있는 공간을 필요로 하였다. 그곳은 지정학적으로 중국은 물론 미국의 영향력이 미약한 지역이어야 했고, 지리적으로는 일본 주변 지역에 위치해야 했다. 이에 따라 일본이 선택한 방향은 북방이 아니라 남방이었다. 일본은 이곳에서 새로운 경제권을 구축하고자 하였다.[20] 이치마다 히사토(一萬田尚登) 일본은행 총재는 1950년 "만약 일본의 산업능력을 일본의 배후지 개발을 위해서 이용할 수 있다면 바람직하다."라고 언급하면서, 그 배후지로 동남아시아를 지목하였다. 미국 또한 1951년부터 1952년에 걸쳐 동남아시아 각지에서 자원 개발을 추진할 일본 기업을 물색하여 동남아시아 지역 개발의 가능성을 모색하였다.[21]

한편 중국은 소련의 기술 및 기타 원조에 힘입어 중공업 중심의 경제 발전을 계획하고 추진하였다. 그러나 1969년 중소 전쟁으로 인해 관계가 냉각되면서 중소 밀월 관계는 종식되었으며, 이를 계기로 중국은 자유민주주의 국가인 미국에 접

---

20 赤木完爾, 「戦後日本の東南アジア回帰とアメリカの冷戦政策」, 『法学研究』 第68巻11号, 慶應義塾大学法学研究会, 1995年11月, p. 126. 특히 싱가포르국립대학교 교수인 키쇼르 마부바니(Kishore Mahbubani)는 "일본이 입아론을 실천한다면, 지정학적으로 21세기의 전망은 밝다."라고 밝히고 있다.[キショール·マブバニ(橘明美訳), 「地政学から見た日本の前途」, 『外務』 第6号, 外務省, 2011年2月 참조]

21 앞의 논문, 赤木完爾, 「戦後日本の東南アジア回帰とアメリカの冷戦政策」, p. 140.

근하게 되었다. 이는 같은 공산주의 국가라 하더라도 국가이익에 부합하지 않으면 언제든지 전쟁을 할 수 있으며, 이념은 국익보다 중요하지 않음을 증명하는 것이었다. 그 결과 1972년 2월 닉슨 미국 대통령이 중국을 방문했고, 일본도 이를 계기로 1972년 9월 29일 중국과 정식으로 수교를 맺게 된다. 일본과 미국은 국가이익을 위해 공산주의 국가인 중국과 수교하여 밀접한 관계를 유지해 왔다. 하지만 기존의 외교 정책이 국가의 경제와 안보를 위협한다면 그것은 반드시 수정되어야 할 것이다. 냉전 시기 일본과 미국의 대중국 정책을 지정학적 관점에서 본다면 이 정책으로 대륙 세력인 중국과 러시아를 분리하는 데 성공했다고 볼 수 있다. 당시 중·러 분리 정책은 미국 세계 전략의 핵심이었는데, 이는 일본에게는 활동 공간을 제공해 주었다.

이러한 일본과 미국의 친중 정책으로 인해 중국은 과거 소련을 대신하는 또 다른 사회주의 강대국으로 성장하였다. 중국 성장의 배경에는 일본과 미국의 역할이 크게 작용하였지만, 중국의 패권적인 행위에 대한 일본의 견제력은 미약하기만 하다는 것이 일반적인 시각이다. 오늘날 중국의 팽창을 견제하는 수단과 방법으로 제시된 것이 일미동맹의 전략적 핵심인 중국 포위망, 즉 제1열도선(〈그림 3〉 참조)에 대한 해양국가연합의 적극적인 개입이다. 하지만 일미동맹의 중국 포위망 구축이 효과적인 결과를 도출하려면 많은 시간이 필요하다. 중국 포위망 구축의 핵심 세력인 미국과 일본이 과거 소련을 뛰어넘을 만큼 경제·군사적으로 성장해 버린 중국을 힘겨워하고 있기 때문이다. "아시아에서 미국의 군사적 존재감 저하와 경제지원의 축소로 인해 동남아시아에서 중국의 영향력이 상대적으로 높아지고 있다. 동남아시아 국가들은 무역·투자뿐만 아니라 경제·군사 원조·군사 장비 조달, 인재 양성 등 모든 측면에서 중국 의존도가 높아지고 있다."라고 기바사야(木場紗綾)는 지적하였다.[22] 따라서 일본의 외교적 전략은 미국의 보호 뒤에 숨는 것이 아니라, 스스로 대안을 제시하고 이를 행동으로 옮겨야 하는 한계점까지 왔다고 판단된다. 일본은 싱가포르국립대학교 교수인 키쇼르 마부바니(Kishore Mahbubani)의 '일본의 입아론'이 주장하고 있는 바와 같이 동남아시아 국가들과의 연계를 강화해야 하며, 과거 소련과 중국을 분리시켰던 것처럼 동남아시아 국가들과 중국을 분리시켜 이 지역에 대한 중국의 영향력을 축소시켜야 할 것이다.(〈그림 6〉 참조)

중국이 1974년 파라셀 군도(베트남과 대립), 1988년 존슨 암초, 1995년 미스치프 암초, 2012년 스카버러 암초 등을 자국 영토에 편입하면서 동남아시아 국가들 대부분은 남중국해 전역에서 중국과 영토 갈등을 빚고 있다. 중국은 남중국해를 항해하는 어선들에게 사전 허가를 받게 하여 주변국들의 반발을 사고 있는데, 베트남과 필리핀은 이에 강하게 반발하였으

---

22 木場紗綾,「米中の間で揺れる東南アジアの外交と日本の関与」,『社会科学』第48巻第4号, 同志社大学人文科学研究所, 2019年, p. 26.

며 대만 역시 이런 중국의 터무니없는 주장과 행동에 대한 대응책 마련에 고심하고 있다. 이 지역은 석유와 광물 등 지하자원이 풍부할 뿐만 아니라 석유 수송의 길목이라는 측면에서 지정학적으로 매우 중요한 지리적 위치를 차지하고 있기 때문이다. 이러한 중국과 동남아시아 국가들 간의 마찰은 외교적 영역을 벗어나 물리적 충돌로 치닫고 있다. 2023년 9월 필리핀 마르코스 대통령은 필리핀 어민들의 조업을 방해하기 위해 영유권 분쟁지역인 남중국해 스카버러 암초 부근에 중국이 설치해 놓은 부유식 장벽을 철거하였으며, 2021년 9월 베트남은 난사 군도의 중국 군용기 배치에 대해 강하게 항의한 것이 그런 경우다. 남중국해 영유권 문제를 둘러싼 중국의 독선적인 행위는 동남아시아 국가들에게 부정적인 영향을 미칠 수밖에 없을 것이기에, 일본은 이를 통해 중국을 견제할 수도 있을 것이다. 인도네시아[23] 유도요노 대통령은 "최근 '중국의 대두'라는 말이 자주 언급되고 있다. 분명히 중국은 급속히 발전하고 있고 경제적 규모는 미국에 대항할 정도로 성장할 것이다. 그러나 중국이 아시아를 지배하고 아시아에 중국 중심의 신질서를 구축하는 것은 바라지 않는다. 또한 경제적으로도 인도네시아와 중국의 산업구조는 보완적이라기보다는 경쟁적이다. 따라서 인도네시아는 아세안·일본과의 전

23 2023년 10월 2일 인도네시아의 자카르타-반둥 고속철도가 전면 개통되었는데, 이 철도는 중국의 자본과 기술이 전적으로 투입된 일대일로 정책의 일환으로 추진되었다. 자카르타-반둥 고속철도 개통으로 중국은 인도네시아를 통한 아세안 영향력 확대에 박차를 가하고 있는 실정이다.

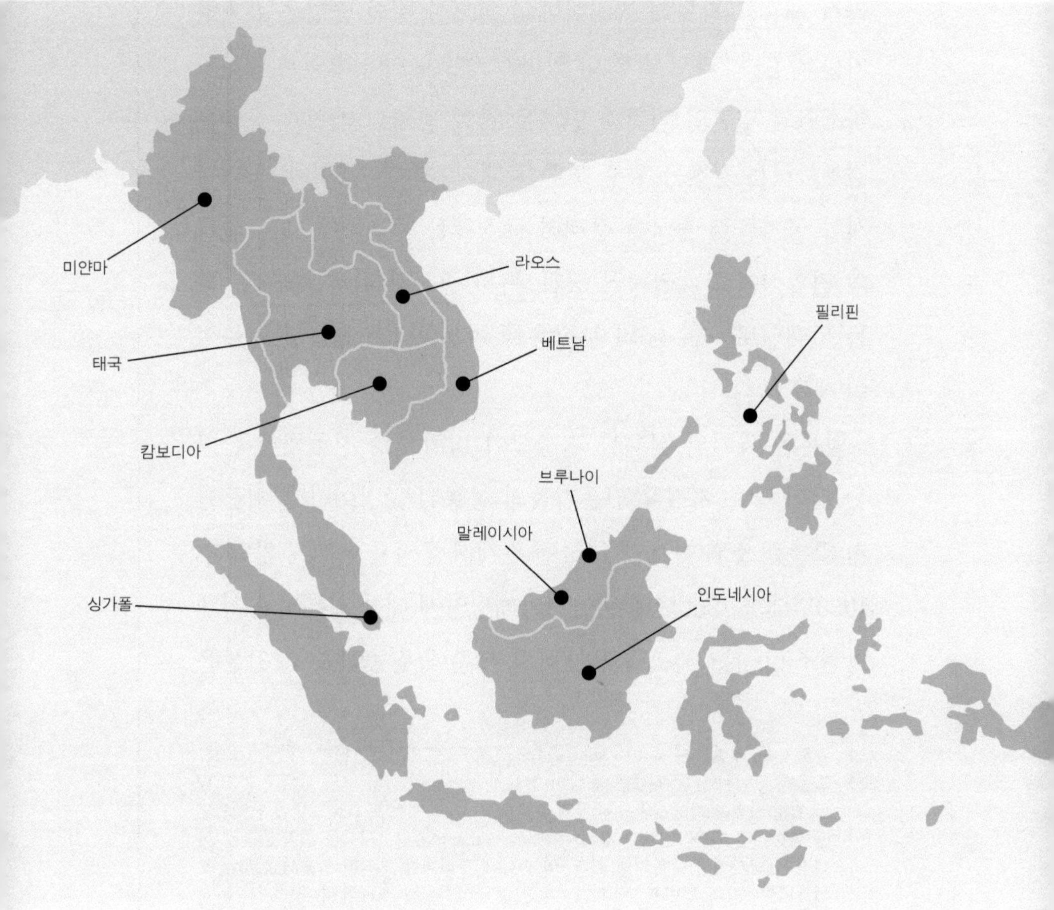

그림 6 동남아시아연합(ASEAN)
출처: 「ASEANにおける人的交流とエンパワーメント」, 『をちこち』(2024년 5월 20일)을 참고하여 재구성.

략적 제휴를 강화해 아시아에서 미묘한 힘의 균형을 유지하기를 바란다."라고 밝힌 바 있다.[24] 인도네시아와 일본 그리고 아세안과 일본의 전략적 연계를 통해 중국의 패권과 독주를 견제하려는 정책은 향후 보다 확대되어야 할 것이다. 동남아시아 국가들과 중국을 분리하는 정책은 주변국에 대한 중국의 권위적이고 패권적인 행위, 특히 중국의 이익만을 추구하는 일대일로(一帶一路)의 부작용을 이용한다면 성공할 가능성이 매우 높다.

일본은 과거의 실패를 거울삼아 남방으로 진출해야 한다는 것이 많은 지정학 전문가들의 공통된 주장이다.[25] 최근까지 일본은 소위 아세안 10국에 경제적 투자를 아끼지 않았다. 1950년대와 1960년대에 아시아태평양에 대한 일본의 공적개발원조(ODA)는 제조업과 에너지 부분에 집중되었다. 일본은

---

24 앞의 논문, 木場紗綾, 「米中の間で揺れる東南アジアの外交と日本の関与」, p. 33.

25 일본에 있어서 남방 진출은 동남아시아 진출을 의미한다. 특히 일본은 과거 태국 점령 시대를 회상하면서 태국에 주목하고 있다. 예컨대, 북베트남은 남베트남을 합방시킨 다음, 1978년 후반 주변국인 라오스와 캄보디아를 침략했을 뿐 아니라, 태국까지 침략하려 하였다. 이에 대해 구라마에 모리미치(倉前盛通)는 북베트남이 "방콕 평야를 지배하는 자는 동남아시아를 지배할 수 있다."는 가설에 따라 태국을 침략하였으며, "태국의 군대는 베트남군에 대항하여 싸울 의사가 없다. 따라서 방콕은 베트남군에 의하여 순식간에 짓밟히고 지배당할 것이며, 나아가 베트남이 동남아시아 전체를 지배할 것이다. 미국이나 중국도 이를 알고 있다."라고 주장하였다.[倉前盛通(李錫範譯), 『新悪의 論理』, 태광문화사, 1981년, p. 90] 이런 주장에 힘입어 최근 기타오카 신이치(北岡伸一)는 "메이지 시기에 시작되어 전전전중(戰前戰中)의 복잡한 관계를 거쳐 전후에는 ODA와 직접투자를 매개로 쌓아 온 일본과 태국의 관계가 지금 전기를 맞이하고 있다. 일본에 대한 관심이 줄어들고 있는 가운데, 필요한 것은 유학생을 초대하는 등의 학술교류와 정부로부터 독립한 유식자의 대화의 틀이다."라면서 태국과의 관계를 재차 강조하고 있다.(北岡伸一, 「タイとの関係を再考する—学術交流と有識者の対話を」, 『新潮社Foresight』, 2022年12月10日)

미국과 함께 아시아개발은행을 설립해 마닐라에 본부를 두고 본격적인 동남아시아 진출을 추진하였다.[26] 당시 일본의 아시아 경제 진출 대상국은 한국, 대만, 인도네시아, 태국, 남베트남, 말레이시아, 필리핀 등 친미반공국가들이었다. 일본의 동남아 경제지원은 1960년 이후 지속적으로 증가하였지만 1964년 유엔무역개발회의는 일본에 자국 GNP의 1%를 개발도상국에 지원하기를 요구하였다.[27] 이에 따라 1960년대 초에는 연간 2~4억 달러였던 대외원조가 1960년대 말에는 13억 달러로 3배가량 증가하였다. 그 결과 일본은 동남아시아 국가들에 대한 영향력을 확대할 수 있었다. 일본의 아시아 경제 지원과 그에 따른 영향력 확대에는 미국의 지역적인 패권 이양이 작용하였다고도 볼 수 있다. 예컨대 과거 영국이 영일동맹을 통해 극동아시아의 지배권을 일본에 이양함으로써 러시아의 남하를 저지하고자 한 것과 1960~1970년대 동남아시아 공산화를 저지하기 위해 미국을 대신하여 일본이 경제협력 명목으로 동남아시아에 접근한 것은 매우 유사하다고 볼 수 있다. 동남아시아 국가들에 대한 일본의 투자는 지속적으로 이루어지고 있다. 『ASEAN 진출 기업 실태조사(ASEAN 進出企業実態調査)』(2016년)에 의하면, 2016년 현재 11,328개의 일본 기업이 동남아시아 지역에 진출해 있다. 주된 업종은 제조

26 앞의 책, 『日本のアジア政策』, p. 9.

27 海外経済協力基金, 『海外経済協力基金二十年史』, 海外経済協力基金, 1982年, pp. 62-65.

업으로 4,925개에 달한다.

2018년 기준으로 아세안 10개국 인구는 6억 5,390만 명으로 일본의 5.2배이며, 면적은 449만 평방미터로 일본의 11.9배에 달한다. 무역규모는 2조 8,527억 달러로 일본의 1.9배, 세계무역의 7.3%에 이르고 있다.[28] 이것은 세계의 다른 경제통합체와 비교해 봐도 손색이 없는 수준이다. 유럽연합(EU)은 28개국으로 인구는 5억 1,321만 명, 무역규모는 12조 8,772억 달러이며, 미국·캐나다·멕시코 3개국으로 이루어지는 북미자유무역협정(NAFTA) 가맹국은 인구 4억 9,042만 명, 무역규모 6조 830억 달러이다. 남미공동시장(MERCOSUR)은 6개국으로 인구는 3억 459만 명, 무역규모는 6,661억 달러이다. 동아시아 주요국의 GDP는 아세안이 12.8%를 차지하고 있으며, 한국 7%, 중국 58.7%, 일본 21.5%이다. 1인당 GDP는 아세안 4,540달러, 중국 9,771달러, 한국 31,363달러, 일본 39,287달러이다.

일본과 동남아시아 국가들 간의 인적 교류 역시 증가추세로, 현재 동남아시아는 중국과 한국을 제치고 일본인의 최대 방문처로 성장하고 있다. 사코 코우지(酒向浩二)에 의하면 동남아시아 지역에 대한 일본의 투자는 계속 증가하고 있으며, 동남아시아는 일본의 대중국 무역 및 제조업의 대안으로 부상

28 アジア大洋州局地域政策参事官室, 『目で見るASEAN-ASEAN経済統計基礎資料』, 2019년 8월.

하고 있다.[29] 「2022년 일본 기업 영업이익 전망」에 의하면, 일본의 대아세안(ASEAN) 흑자비율은 2021년도의 조사 때보다 6.4%p 상승하였으며, 인도는 10.4%p 상승하였다. 이와는 반대로 대중국 흑자비율은 감소하였을 뿐 아니라 적자비율도 점점 커지고 있는 추세다.[30]

다국적 회계 컨설팅 기업(PwC Japanグループ)[31]이 2023년 8월에 실시한 「기업의 지정학적 리스크 대응 실태조사 2023(企業の地政学リスク対応実態調査2023)」([표 4] 참조)에 의하면, 일본 기업의 36%가 최근 1년간 중국의 투자 환경이 악화되었다고 응답했다. 또 일본 기업의 46%는 중국이 일본의 투자처가 아니라고 답변하였으며, 25%는 중국에서 타 국가로 이전을 검토하고 있다고 응답하였다. 기업의 이전 희망 지역으로는 아세안의 주요국인 베트남이 46%, 태국이 25%, 인도네시아가 21%, 말레이시아가 18% 등이었다. 이를 통해 중국에 진출한 일본 기업들이 국내로 회귀하는 추세 속에서도 아세안은 여전히 일본의 경제공간으로서 중요한 위치를 차지하고 있음을 알 수 있다.

---

29 酒向浩二, 「日本のアジア直接投資動向」, 『MIZUHO』, みずほ総合研究所, 2018年11月, pp. 1-6 참조.

30 JETRO, 「2022年度海外進出日系企業実態調査-アジア·オセアニア編—ASEAN, 南西アジアで業績回復続く, 中国はゼロコロナ政策により停滞-」, 2022年12月15日.

31 『PwC』, 2023년 10월 10일. PwC(PricewaterhouseCoopers)는 세계 157개국 742지역에 276,000명의 직원을 둔 세계 최대의 다국적 회계 컨설팅 기업으로 영국 런던에 본사를 두고 있다.

[표 4] 대중국 기업환경 평가

	일본 기업	미국 기업	유럽 기업
투자	• 36%가 투자 환경의 악화를 지적함 • 46%가 중국은 우선 투자처가 아니라고 답함	• 45%가 투자 환경의 악화를 지적함 • 38%가 최근 1년간 투자 확대가 없었다고 답함	• 64%가 투자 환경의 악화를 지적함 • 27%가 최근 1년간 투자 확대가 없었다고 답함
배경	• 65%가 정책 환경 불투명, 44%가 미·중 대립, 35%가 가격 상승, 32%가 경제성장 둔화 등을 지적함 • 25%가 생산, 조달을 중국 국외로 이관하는 것을 검토 및 실시 중임 • 64%가 대만 침략의 군사적 위험을 염려함	• 66%가 중국 사업의 최대 문제점으로 미·중 관계의 악화를 꼽음 • 24%가 생산, 조달을 중국 국외로 이관하는 것을 검토 및 실시 중임 • 38%가 외자에 불리한 사업 환경을 지적함	• 36%가 중국 사업의 최대 문제점으로 중국 경제성장 둔화를 지적함, 24%가 미·중 무역 마찰을 꼽음 • 21%가 중국 시장 투자를 중국 국외로 이전시키는 것을 검토 및 실시 마무리함 • 45%가 새로운 이전 지역으로 아세안을 포함한 아시아 지역을 꼽음

출처: PwC Japan, 「企業の地政学リスク対応実態調査2023」(2023年8月); JETRO, 「2022年度海外進出日系企業実態調査(アジア·オセアニア編)」 등을 참고하여 재구성.

일본무역진흥기구(JETRO)의 「2022년도 해외 진출 일본계 기업 실태조사(2022年度海外進出日系企業実態調査)」(2022년 8월 22일~9월 21일)에 의하면, 향후 1~2년의 사업 전망에서 중국 투자는 최저 상태로 나타나고 있지만, 아세안에 대한 투자를 확대하겠다고 응답한 기업 비율은 전년 대비 46.9% 상승하였다. 이들은 아세안 투자 확대 이유로 성장성과 잠재성을 꼽았다.[32] 일본은 지정학적으로 사면이 바다로 둘러싸인 지리적 위치 때문에 중국과의 관계 설정에 있어서는 거리를 두거나 관망

32 JETRO, 「2022年度海外進出日系企業実態調査-アジア·オセアニア編—ASEAN, 南西アジアで業績回復続く, 中国はゼロコロナ政策により停滞-」, 2022年12月15日.

할 필요가 있지만, 남방으로의 진출에는 적극적인 자세가 필요하다.[33]

제3절 | 일본의 '서태평양 연합체' 구상

구라마에 모리미치는 일본이 살아남을 길은 시베리아 개발이나 중국 대륙과의 경제협력 추구가 아니라, 유럽경제공동체(EEC)처럼 아시아태평양 지역 국가들과 협력하여 지역공동체를 구축하는 것이라고 주장하였다.[34] 일본이 지역공동체를 만드는 것은 불가능한 일이 아니다. 과거의 대동아공영권과 같은 강압적·수직적·착취적 관계를 지양하고 공동체 구성원의 공존공영을 실현할 수 있는 공감대를 형성한다면 성공할 수 있을 것이다. 1945년 이후 미국 대외 정책의 핵심은 공산

---

33 일본은 '남방 진출'에 과거보다 더 적극적인 자세를 취할 필요가 있다. 일본이 해양국가로서 남방인 아세안과의 협력 관계를 공고히 구축하지 않으면 안 되는 첫 번째 이유는 대륙에서 더 이상 공간을 확보하기 어렵기 때문이다. 두 번째 이유는 일본을 둘러싼 지정학적 위험도가 대륙 세력에 의해 점차 높아지고 있기 때문이다. "중국에서는 헌법 개정에 의해 국가주석의 임기제한이 사라졌으며, 러시아에서도 총선거에 의해 푸틴 대통령이 연임하면서 각각 장기집권을 통한 강력한 권력 행사가 가능하게 되었다. (중략) 현재의 다양하고 복잡하게 얽혀 있는 지정학적 위험이 상호 관련되면서 총체적으로 일본경제에 미치는 영향이 충분히 고려되어 왔다고 볼 수 없다."라고 지적하고 있는 것처럼, 일본의 전도(前途)가 그렇게 밝지 않다.(前田晃伸, 「地政学リスクの時代と日本経済」, 『調査報告』, 日本経済調査協議会, 2018年7月)

34 앞의 책, 『悪의 논리』, p. 259. 예컨대 "유럽이 EEC라는 공동체를 만든 것처럼 일본이 금후 살아남을 길은 시베리아 개발이나, 중국 대륙 경제원조에 깊이 관여하는 일이 아니다. 우선 아시아와 오세아니아의 섬나라 국가의 연합체를 만들어 이를 꼭 굳히는 것부터 시작해야 한다."라고 주장하였다.

세력에 대한 봉쇄 및 약화에 있었다. 일본은 미국의 세계 전략을 인지하고 있음에도 불구하고 소련의 협상테이블에 참여한 바 있다. 바로 1956년 10월 소련이 제안한 북방 4도와 관련한 일러교섭(日露交渉)이었다. 1956년 10월 13~19일 모스크바에서 일본과 소련은 양국의 외교관계 회복이 극동아시아에서의 평화 및 안정은 물론 양국 간의 이해와 협력에도 도움이 될 것이라는 데 동의하였으며, 일소공동선언을 통해 소련은 북방 4도 중 하보마이와 시코탄을 일본에 양도한다고 약속하였다.[35] 그러나 소련은 1960년 일미안보조약 개정에 대해서 '일소공동선언' 이행 의무 위반이라고 비난하면서, 일본 영토에서 미군 철수를 의미하는 외국군 철수 없이는 하보마이와 시코탄을 일본에 양도할 수 없다고 일방적으로 통보하였다.[36] 이에 맞서 일본은 일소공동선언 당시 이미 일미안보조약이 존재하고 있었기 때문에 미군 주둔을 양해한 가운데 2개 섬 양도 합의가 이루어졌으며, 신안보조약(新安保条約)에 대한 소련의 태도는 내정간섭에 지나지 않는다는 반론을 제기하였

---

35 伏田寛範, 「日ロ平和条約交渉－これまでの経緯と今後の交渉のポイント」, 『国問研戦略コメント(7)』, 2019年1月23日. 일·러 양국은 1855년 2월 '러일화친조약'에 의해 치시마(千島) 열도를 남북으로 분할하는 것에 합의하였다. 남치시마 열도의 4개 섬인 구나시리(国後), 에토로후(択捉), 시코탄, 하보마이는 일본이 지배하게 되었다. 그러나 영유권으로 인정받았던 북방 4개 섬은 제2차 세계대전 때 소련이 불법 점령하여 지금까지 러시아가 실효적 지배를 하고 있다. 이 4개 섬의 면적은 5,003km^{2}이며, 이 가운데 하보마이(歯舞)는 작은 섬들로 이루어져 있는 제도(諸島)이다.

36 「新安保条約および歯舞, 色丹返還の条件に関するソヴィエト政府覚書(仮訳)昭和三十五年一月二十七日」, 外務省情報文化局, 『外務省公表集(昭和35年度上半期)』, 1960年7月, pp. 205-209.

다.[37] 결국 북방 영토 문제 해결과 일·러 양국의 공동이익 추구 그리고 극동의 안정과 평화에 기여할 가능성이 높았던 일소공동선언은 미국의 세계 전략, 즉 미국의 소련 봉쇄 정책에 의해 좌절될 수밖에 없었다.

미국은 제2차 세계대전 이후 동유럽에서 소련의 팽창과 공산주의 국가 수립에 대항하기 위해 봉쇄 정책을 전개한 바 있다. 그런데 이러한 미국의 세계 전략에서 일본은 핵심적인 요소로 인식된다. 만약 일본이 대륙 세력에 편입되거나 중립 세력으로 남게 된다면 미국의 소련 봉쇄에 중대한 차질이 초래될 수밖에 없을 것이다. 특히 일·소 관계가 회복된다면 가장 먼저 경제협력이 이루어지리라는 것을 미국은 인지하고 있었을 것이다. 자원의 안정적인 수급과 확보는 메이지 시기부터 일본 국시의 일환이었으며 이를 위해 대륙으로 진출했다가 해양 세력에 의해 좌절된 바 있다. 일본에 있어서 소련은 에너지 자원을 손쉽게 확보할 수 있는 전략지역이기도 하다. 만약 일본이 시베리아에 자본과 기술을 투입하여 모스크바와 같은 대도시를 개발한다면 소련봉쇄라는 미국의 전략에 중대한 차질이 빚어질 것이다. 따라서 당시 미국의 우방국가는 시

37 「日米新安保条約および歯舞, 色丹引き渡しに関する対ソ覚え書きについて 昭和35年2月5日」, 外務省情報文化局, 1960年, pp. 24-28; 「日米安保条約改定問題に関するソ連覚書および声明に対する回答について 外務省情報文化局発表 昭和三十五年七月一日」, 外務省情報文化局, 『外務省公表集(昭和35年度下半期)』, 1961年, pp. 49-55. 2021년 6월 4일 푸틴 대통령은 일본 영토 내에서 미국의 미사일 배치는 러시아에 위협이 되는 군사적 행위라고 지적하면서, 일·러 문제(북방 영토 문제 포함)에 대한 일본의 소극적 대응에 강한 불만을 피력하였다.

베리아 개발에 참여할 수 없었으며, 일본 역시 이 사실을 잘 인지하고 있었을 것이다.

한편 한반도의 경우, 과거 일본은 러시아의 남하와 서구 해양 세력의 아시아 침략에 공동으로 대응한다는 지역 연대 논리를 대륙 진출의 명분으로 사용했다. 순치보거(脣齒輔車)라는 운명공동체의 논리가 아시아 연대론으로 발전함에 따라 조선의 지식인들도 대거 이 논리에 편승하였다. 일본은 해양국가이지만 반도국가인 한국과 함께하지 않으면 안 되는 역사적 운명 내지 숙명을 가지고 있다는 것이다. 한반도는 일본을 비롯한 중국, 러시아 등 열강과 인접하고 있다. 이러한 지리적 위치 때문에 한반도는 중국으로부터 지속적인 간섭과 침략을 받았고, 일본으로부터도 침략당했으며 급기야 식민지로 전락하였다. 또한 러시아는 19세기 말부터 남하 정책을 통해 만주와 한반도를 침략하고 자국의 영향하에 두고자 하였으며, 공산주의 국가인 북한을 통해 끊임없이 자유민주주의 국가인 대한민국을 위협해 왔다. 특히 한반도는 지정학적인 위치 때문에 주변 열강에 의한 분할론이 끊임없이 제기되었고 결국 미소 냉전에 의해 분할되었다. 물론 한반도 분할론이 불거진 것은 이때가 처음이 아니다. 16세기 말 임진왜란 때도 중국과 일본이 한반도 분할 문제를 논의한 바 있으며, 1894년 동학농민전쟁 당시에도 영국 외상인 킴벌리(Kimberly)가 극동의 평화를 위하여 조선을 중립화하는 방안 또는 청나라와 일본이 조선을 분할하여 점령하는 방안을 제안하였지만 청일전쟁이 발발하는 바람에 실현되지 못하였다. 게다가 이 전쟁으로 일본이 한반도에 진출하자 이번에는 러시아가 삼국간섭을 통해 이를 견제하고 나섰다.

일본은 우월한 지위를 포기하면서까지 1896~1903년 동안 러시아와 한반도 분할 문제를 논의하였지만, 러시아의 거부로 실패하였다. 결국 한반도는 1910년 일본에 병합되어 1945년까지 일본의 식민지가 되었고, 일본이 패망하고 제2차 세계대전이 끝난 뒤 그 처리 과정에서 미국과 소련에 의해 38선을 기준으로 분할되었다. 고시로 유키코(小代有希子)와 같이 한반도의 분할이 일본의 치밀한 항복전술의 산물이라고 주장하는 학자도 있다.[38] 이와 같이 역사적인 관점에서 보더라도 전전

---

38 Yukiko Koshiro(2004), "Eurasian Eclipse: Japan's End Game in World War II", *The American Historical Review*, Vol. 109, No. 2, the American Historical Association, pp. 417-444. 고시로 유키코(小代有希子: Eurasian Eclipse: Japan's End Game in World War II)에 의하면, 한반도 분할은 미소 냉전의 산물이 아니라 일본의 고도의 정치적 계산에 의해 이루어졌다. 고시로는 1945년 초부터 군부, 특히 일본의 현역 해군 소장이자 종전 당시 일본 해군성 교육국장이었던 다카기 소키치(高木揔吉)에 의해 '38선 분할안'이 계획적이고 구체적으로 추진되었다고 밝혔다. 다카기는 전쟁의 조기 종결을 모색하는 한편, 미소 냉전 체제를 이용하여 어부지리를 취하는 '항복 전략'을 선택했다는 것이다. 일본의 이러한 '항복 전략'에 따라, 다카기는 일본이 항복하기 위한 '최소한의 조건'으로 천황제의 존속과 일본의 산업력과 경찰력의 유지, 그리고 한국과 대만에 대한 일본의 지배권을 유지해야 한다고 주장하였다. 이러한 조건을 관철시키기 위해 그는 사할린 남부 등을 소련에 일부 양보하자고 제안하기도 하였다.(위 논문, p. 433) 당시 만주 방면에 주둔하고 있던 100만 명의 일본군은 소련의 침공 루트로 이동하지 않았다. 일본 관동군의 작전과 참모 구사치 데이고(草地貞吾) 대좌는 이미 1944년 8월경 소련군이 만주를 침공할 때 예상되는 6가지 전략적 방어 계획을 준비하였지만, 이 중 아무것도 실행에 옮기지 않았다.(위 논문, p. 434) 일본은 이러한 '항복 전략'을 성공시키기 위해 당시 만주에 거주하던 150만 명에 이르는 자국민에게도 작전을 알리지 않아, 소련군의 잔혹한 만행을 초래하였다. 소련의 참전과 일본의 항복으로 이어지는 일련의 혼돈 속에서 만주 지역에서만 일본 민간인 수만 명이 목숨을 잃었다고 알려져 있다. 일본은 이들을

(戰前)의 한일 관계는 우호적이었다고 볼 수 없다. 이러한 양국의 관계를 새롭게 정립하게 만든 것은 1965년 한일 국교 정상화였다. 당시 한일 국교 정상화의 배경에는 미국의 보이지 않는 힘이 작용하였다. 미국의 동아시아 전략은 미소 냉전에서 우위를 점하기 위해 우선 일본의 경제 재건과 부흥에 주안점을 두고 일본을 아시아의 중심 세력으로 육성하는 것이었다. 즉 일본을 아시아의 생산 및 수출 거점으로 만들고 여타 아시아 국가들을 의존적인 구매국으로 전락시키려는 미국의 정치적 의도에서 한일 국교 정상화가 추진되었다고 판단된다.[39]

냉전 체제하에서 미국은 동아시아 정책의 일환으로 한일 관계의 정상화를 이루기 위해 양국 간의 회담을 주선하였다. 한일회담에는 한·미·일 3국의 다양한 이유와 현실적인 문제가 작용하였다고 볼 수 있다. 무엇보다도 한반도는 미국과 일본의 전략적 이해관계가 일치하는 지역이며 이 지역이 장래

희생양 삼아 독일(1945년 5월 8일 항복)과 같이 영토가 분단되는 위기에서 벗어났으며, 나아가 미국의 전폭적인 지원을 얻어 패전의 잿더미에서 전후 부흥을 이룩하였다. 결과적으로 일본에 의한 한반도 분할은 한국 전쟁을 초래하였고, 일본은 한국 전쟁참전국 중 가장 많은 경제적 이득을 가질 수 있었다. 참고로 고시로 유키코는 동아시아사 전공자로서 미국에서 오랫동안 연구 활동을 하였다. 특히 1999년에 출간된 『범태평양 인종주의와 미국의 일본 점령(Trans-Pacific Racisms and the U.S. Occupation of Japan)』으로 '오히라 저작상'을 수상한 바 있으며, 현재 니혼대학(日本大學) 국제관계학부 교수로 재직하고 있다.

이 같은 고시로의 주장에 대해 이종원(李鍾元: 早稲田大学)은 오코노기 마사오(小此木政夫)의 저서 서평(「書評」, 『朝鮮分断の起源: 独立と統一の相克』, 慶應義塾大学出版会, 2018年, p. 71)에서, "일본은 미소가 세력 균형을 유지하는 것이 항복 후의 일본에 유리하다고 판단해, 일본은 소련의 참전을 오히려 기대했다."라고 하면서, 한반도 분단에 대한 일본의 '책임'을 지적하는 고시로 유키코의 연구를 대담한 가설로 높이 평가하였다.

39 박진희, 『한일회담』, 선인출판, 2008년, p. 30.

어느 방향으로 나아갈 것인가는 양국에 대단히 중요한 문제였다.[40] 그러나 미국의 중재에도 불구하고 한일회담은 진전이 없었고, 이러한 상황에서 미국은 1953년 1월 이승만 대통령을 일본에 초청으로 돌파구를 마련하고자 하였다.[41] 이승만은 클라크 장군의 초청으로 일본에 도착한 뒤 방문목적을 다음과 같이 발표하였다. "이 자리에서 솔직하게 말하고 싶은 것은 한국은 역사상 침략자가 되어 본 일이 없으며 더욱이 일본에 대하여 국제적인 부정을 행하였다고 비난하지 않을 것이다. 내가 이런 말을 하는 것은 어떤 사람을 비방하려는 것이 아니며 만일 일본이 우리와 손을 잡고 일하려고 하는 한, 우리는 언제나 일본과 만날 용의가 있다는 것을 알리려는 데 있다."[42]

결국 이승만 대통령의 화해 제스처에 일본 총리인 요시다가 화답하는 형식으로 1953년 1월 6일 양국 정상회담이 성사

---

40 ケント·E·カルタ, 『アジア危機の構図』, 日本経済新聞社国際部, 1996年, p. 320.

41 일본은 유엔군의 요청에 의해, 6·25 전쟁에 '일본 특별 소해대'를 파견하여 기뢰 제거에 참여하였다. 이 기뢰 제거에 힘입어 유엔군은 제해권을 확보할 수 있었다.(앞의 책, 『근현대 전쟁으로 읽는 지정학적 세계사』, pp. 65-66 참조) 그리고 1953년 1월은 6·25 전쟁의 최고 절정기였으며, 이 시기에 미국이 이승만 대통령을 일본에 초청한 주된 목적은 한일 연대 내지 동맹 구상이었다. 즉 6·25 전쟁이라는 현실적인 위협 속에서 미국은 이 위기를 극복하고자 유엔의 주축국으로서 수많은 자국의 젊은 군인을 6·25 전쟁에 희생시켰지만, 자국의 군사력만으로는 부족하다고 판단하였다. 따라서 미국은 향후 공산주의 세력으로부터 자유민주주의 체제를 수호하기 위해 한일 양국의 대립이 아닌 동맹을 희망하고 있었다. 이런 이유에서 미국은 전후 일본 부흥에도 적극적으로 지원함과 동시에, 일본의 아시아 진출(입아론)을 적극 독려하였으며, 한국의 경제부흥도 일본을 통해 적극 지원하였다.

42 「이대통령 동경도착 후 성명서를 발표」, 『이승만대통령문서철』, 국가기록원.

되었다. 이승만 대통령은 평화선의 필요성에 관해 한국의 사정을 전달하면서 일본이 많은 것을 양보해야 한다고 주장하였지만, 요시다 총리는 소극적인 태도로 일관했다고 알려져 있다. 이승만 대통령의 방일 자체가 일본의 적극적인 요구로 이루어진 것이 아니었으므로 회담 결과는 양국 모두에게 만족스럽지 못했다. 아사히신문(朝日新聞)은 당시의 상황을 "이번 방일은 일본, 한국, 필리핀, 대만을 반공연맹으로 결속시키려는 첫 번째 시도"라고 논평하였다.[43] 이승만 대통령의 방일을 계기로 1953년 4월 15일 제2차 한일회담이 도쿄에서 개최되었으며, 1953년 10월 6일 제3차 회담, 1958년 4월 15일 제4차 회담을 거쳐 1960년 11월 10일 제5차 회담이 일본 외무성 회의실에서 개최되었다. 이처럼 한일 양국의 회담이 연속적으로 개최된 것은 미국과 일본의 전략적 판단이 작용하였기 때문이다. 즉 양국은 한국이 공산화된다면 일본도 그 영향에서 벗어날 수 없다는 공동의 인식하에, 한국을 적극적으로 원조하여 한국 스스로 북한을 방어할 수 있는 경제력과 군사력을 가질 수 있도록 하는 것이 일본의 장기적인 이익에도 부합한다고 판단한 것이다. 이윽고 1961년 10월 20일 제6차 한일회담이 개최되었으며, 동년 11월 11일 박정희 의장이 일본을 방문하였다.

박정희 의장과 이케다 하야토 총리 간의 회담에서 이케다

43 앞의 책, 『한일회담』, pp. 169-171.

총리는 다음과 같은 의견을 표명하였다. "일한 양국의 교섭이 시작된 지 이미 10년의 세월이 흘렀지만, 지금까지 양국 정부의 최고 수뇌부가 사이좋게 무릎을 맞대고 서로 이야기할 기회는 한 번도 없었습니다. 이 점에서 박 의장의 이번 방문은 양국의 역사에서 극히 중요한 한 획을 긋는다고 생각합니다. 저는 평소 일한 양국이 영속적인 선린우호 관계를 유지하기 위해서는 '인화', 즉 양국 국민의 상호이해가 없으면 안 된다고 생각하고 있습니다. 다행히 최근 양국민 사이에 의사소통이 날로 깊어지고 있고, 좋은 분위기 속에서 제6차 회담이 개시되고 있어 진심으로 기쁩니다. 저는 지금이야말로 일한 양국 사이에 밝고 긴밀하며 확고한 우호 관계가 확실하게 수립되는 기운이 충분히 만연할 것이라고 확신합니다." 이에 박 의장은 "한일 양국은 문화의 원천이 하나로 이루어져 있는 등 깊은 관계에 놓여 있다. 밝은 분위기 속에서 한일회담이 열리고 있다. 새롭게 출발하는 한일 관계에서 과거의 것들을 말하는 것보다 장래의 친선을 도모하는 데 최선을 다하고 싶다."라고 언급하였다.[44] 이러한 발언 배경에는 그 자신이 만주국 신징군관학교와 일본제국 육군사관학교 출신이라는 것이 크게 작용하였다. 그는 방일 첫날 일본 외무성 관료에게 과거 자신의 군대 관계자와의 만남을 주선해 달라고 부탁하였으며 일본의 경제적 지원을 강하게 요청하였다고 알려져 있다.[45]

---

44 『朝日新聞』, 1961年11月12日.
45 서중석, 「박정권의 대일자세와 파행적 한일관계」, 『역사비평』, 역사문제연구소,

1964년 12월 3일 제7차 한일회담이 도쿄에서 개최되었다. 이케다 내각을 이어받은 사토 에이사쿠 총리는 일본 의회에서 "신속한 국교 정상화를 바라는 양국민 대다수의 열망을 바탕으로 장래 갈등의 응어리가 남지 않도록 공정하고 타당한 내용을 가지고 여러 현안의 조기 타결에 노력한다는 방침에 변함이 없습니다. 일한 양국이 상호이해와 신뢰를 깊게 쌓아 국교 정상화가 하루라도 빨리 실현되기를 마음으로부터 바라고 있습니다."라고 발언하였다.[46] 이러한 적극적 자세에 힘입어 한일 양국은 1965년 6월 22일 국교를 정상화하였다. 그 대가로 한국은 무상자금과 유상자금을 합쳐 8억 달러를 받았다. 그러나 협상 과정에서 독도의 귀속 문제를 해결하지 못한 점, 한국이 일본으로부터 경제지원금 명목으로 청구권 자금을 수령하여 향후 일본이 개인 청구권 소멸을 주장할 빌미를 제공하였다는 점에서는 여전히 아쉬움이 남는다.

한일 양국의 국교 정상화를 계기로 일본은 든든한 우군을 얻었고, 한국은 경제성장의 발판을 마련하였다. 양국은 동맹 관계는 아니다. 경제적인 관점에서는 경쟁 관계이며, 이해관계가 충돌하는 분야도 많다. 영토 문제와 역사 문제도 함께 가지고 있다. 그러나 한국과 일본은 기나긴 동아시아 냉전기를 함께 극복해 왔다. 구라마에 모리미치(倉前盛通)는 1981년

1995년, p. 45.

46 「佐藤内閣総理大臣の所信に関する演説」, 国立国会図書館所蔵, 『第47回国会衆議院会議録(第3号)』, 1964年11月21日, p. 2.

자신의 저서에서 “일본이 정말로 먼저 경제협력을 해야 할 상대는 이웃인 한국과 대만이며, 어떠한 형태로든 ‘한일대(韓日台)’의 유연한 경제연합이 수립되어야 한다.”라고 언급한 바 있다.[47] 1979년 7월에는 일본 최초로 방위청 장관인 야마시타 간리(山下元利)가 한국을 방문했으며, 1990년 12월 7일에는 이시가와 요조(石川要三) 방위청 장관이 방한하여 자위대 해외파병 및 유엔평화협력법안 등을 협의하였다. 특히 1998년 10월에는 한국의 김대중 대통령이 일본을 방문하여 일본 정치지도자는 물론 천황과도 만남을 가졌다. 그 후에도 2003년 노무현 대통령, 2008년 이명박 대통령의 방일이 이어졌다. 그 결과 2011년 헤이세이(平成) 23년판『방위백서』에는 “한일 양국은 경제적인 면뿐만 아니라, 안보적 측면에서 긴밀하게 연계하는 것이 아시아태평양 지역의 평화와 안정에 커다란 의의가 있다.”라는 문구가 명기되기도 했다.[48] 그동안 역사교과서 문제와 독도 문제 등 여러 문제가 발생했지만, 한일 양국은 유사 동맹의 틀 속에서 이를 논의하고 해결하고자 하였다. 와카미야 요시부미(若宮啓文)는 “일본은 주변국과 마찰만 빚고 있다. 중국과는 야스쿠니신사 참배, 센카쿠 열도와 배타적 경제수역 문제가 있다. 영토 분쟁은 북방 4개 섬을 러시아에 빼앗긴 채 교섭이 진행되지 않고 있다. (중략) 독도는 원래 어업 이외에는 가치가 거의 없는 무인도이며, 원주민들이 반환을

---

47 앞의 책,『悪의 논리』, p. 264.
48 防衛省,『平成23年版防衛白書』, 防衛省, 2011年, p. 341.

애타게 희망하는 북방 4개 섬이나 전략적 가치가 높은 센카쿠 열도와는 다르다."라고 주장하면서 독도를 한국에 양보하자고 제안한 바 있다.[49]

미야케 구니히코(宮家邦彦)는 해양국가인 일본의 생존 방안에 대해서 다음과 같이 주장하였다. "첫째, 대륙에 강력한 패권국가가 생기지 않도록 하는 대륙 전략이다. 영국의 경우 대유럽 전략으로 패권국 성립을 용납하지 않았으며, 성립 자체를 적극적으로 억제하였다. 나폴레옹의 프랑스, 히틀러의 독일, 스탈린의 소련이 패권을 추구하였으나 영국은 이를 적극적으로 저지하였다. 둘째, 대륙 세력과의 건전한 협력 관계 구축이다. 해양국가인 일본이 대륙에 과도하게 개입하는 것은 국력 낭비일 뿐이다. 일본은 해상 수송로를 확보하여 자유무역으로 번영할 수밖에 없다. 셋째, 해양 동맹국의 구축이다. 일본은 해양국가와의 연대 및 동맹을 맺을 때 가장 부강하고 안정적인 국가 체제를 이룩하였다. 즉 영국과의 동맹으로 유라시아 대륙의 러시아제국, 중국 대륙과 균형을 유지하였다. 일본은 영국 해군을 활용하여 해상 수송로를 확보하고 무역으로 번영하였다. 오늘날은 해양국가인 미국과의 동맹으로 유라시아 대륙의 소련, 중국과 세력 균형을 유지할 수 있었다."[50] 이러한 미야케의 주장은 과거 일본의 대외 정

---

49 若宮啓文, 「竹島と独島 これを「友情島」に…の夢想」, 『朝日新聞』, 1995年3月27日.

50 宮家邦彦, 「国際戦略の行方ーマネ-とパワ-の地政学から日本外交を考えるー」, 『アカデミア(116)』, 財団法人キヤノングローバル戦略研究所, 2016年, p.

책을 살펴본다면 충분히 이해할 수 있는 부분이다. 예컨대 러시아의 남하를 저지하고자 벌인 러일전쟁 역시 해양 세력인 영국과의 동맹으로 승리할 수 있었지만, 이후 대륙지정학에 함몰되어 대륙에 깊숙이 간여함으로써 망국의 길로 들어서게 되었다. 21세기 일본은 구라마에의 제언처럼 '한일대동맹(韓日台同盟)'을 토대로 서태평양 국가들과의 연합을 추구해야 할 것이며, 여기에는 유럽통합의 사례를 참고할 필요가 있을 것이다. '한일대동맹'과 서태평양 국가들의 연합은 대륙세력을 차단하고 일본의 부흥을 도모할 수 있는 새로운 전략적 사고이다.[51]

이러한 측면에서 대만의 지정학적 가치에 주목할 필요가 있다. 중국은 대만을 복속하거나 적어도 자신의 영향권 아래 두어야만 태평양으로 자유롭게 나갈 수 있다. 반대로 대

7; 伊東憲一, 『海洋国家日本の構想』, 財団法人日本国際府フォーラン, 2001年 참조.

51 서태평양 연합체 구상에 대해 도쿄대 기타오카 신이치(北岡伸一) 명예교수는 한국은 "조약, 선언, 합의를 지키지 않는 국가이며, 법의 지배와 양립하지 않는다." 라는 이유로 연합체에서 한국을 제외시키고 있다.(北岡伸一, 『西太平洋連合のすすめ-日本の「新しい地政学」』, 東洋経済新報社, 2021年) 기타오카는 일본+동남아시아 여러 국가(대만 포함)+호주+뉴질랜드+태평양 도서국 등에 의한 "느슨한 민주주의 연합체"를 구상해야 한다고 주장하고 있지만, 연합체 구상에 한국을 배제하고 동남아시아 국가만을 포함시키는 것은 중국의 대륙 세력(지리적 위치)을 너무 과소평가하는 실수로 보인다. 한국을 배제한 채 중국 대륙에 접하고 있는 미얀마, 라오스, 태국, 캄보디아, 베트남 등을 일본 연합체에 포함시키는 것은 더더욱 현실적으로 불가능한 일이다. 무엇보다 일본이 한국을 배제하고 동남아시아와의 연대를 선택하는 순간, 중국은 한국을 대륙 세력으로 편입시키고자 끊임없는 정치공작에 몰입할 것이며, 이것은 기존의 느슨한 정치공작에 비해 빠르게, 그리고 보다 강하게 진행될 것이다. 중국은 15억 인구라는 무기와 유학(留學) 정책, 이민 정책, 그리고 결혼 정책을 통해 손쉽게 한국을 중국화할 수 있다고 생각한다.

만이 대륙 세력인 중국에 복속되거나 그 영향권에 포함된다면, 미·중의 패권 구도에서 중국이 유리해질 뿐 아니라 미국의 대중국 포위망은 붕괴되고 말 것이다. 즉 미국 세계 전략의 핵심지역인 대만이 중국의 영향권에 편입된다면, 육지로 연결된 한국과 동남아시아 국가 대부분은 중립적인 외교 내지는 관망적인 태도, 나아가 '친중 노선'을 선택할 수도 있다. 이것은 일본의 고립과 추락을 가져올 수 있다. 따라서 〈그림 7〉과 같이 '한일대(韓日台)'를 포함한 서태평양의 해양국가들이 연합하여 중국이라는 대륙 세력을 봉쇄하고 서태평양의 자원과 시장을 활용한다면, 일본은 제2의 부흥을 이룩할 수 있을 것이다.

한편 중국을 봉쇄할 때 해양 세력만의 연대로는 어려울 수도 있다. 따라서 과거 미국이 소련 봉쇄를 위해 중국을 끌어들였듯이 21세기에는 중국을 봉쇄하기 위해 러시아와 제휴할 필요가 있다. 이는 대륙 세력을 분열시키는 효과를 가져올 수 있을 것이다. 현재 러시아는 과거의 소련과 달리 인구 1억 4,500만 명 정도의 국가로, 거대한 영토에 비해 인구가 너무나 부족하다는 문제에 직면해 있다.[52] 과거 한국의 북방외

---

52 특히 러시아의 지정학적 취약점은, 서유럽의 강대국들로부터 동슬라브족인 러시아(모스크바 등)를 안정적으로 보호·방어할 수 있는 바다, 강, 산맥 같은 천연 장벽이 없다는 것이다. 또한 러시아는 지리적으로 인구의 이동이 자유롭지 못한 폐쇄적인 위치를 점하고 있다. 1847년 니콜라이 1세가 무라비요프 아무르스키 시베리아 총독에게 "만약 타국이 캄차카를 점령하더라도 이르쿠츠크에 있는 그대는 6개월 후에 그 사실을 알 것이다."라고 언급한 것은 러시아 영토가 얼마나 거대하며, 유럽의 모스크바에서 시베리아 영토가 얼마나 동떨어져 있는가를 짐작할 수 있는 부분이다. 이처럼 거대한 영토에 비해 인구는 너무나 부족하다. 러

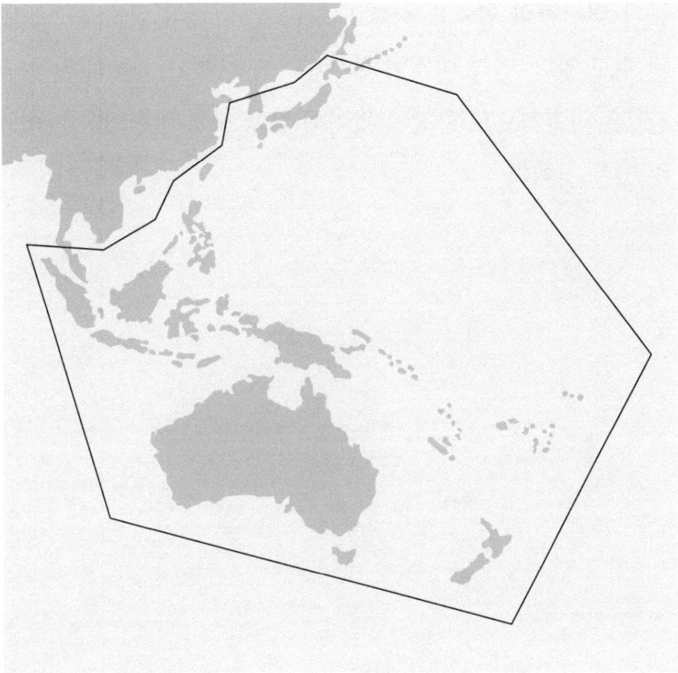

그림 7 서태평양 연합체 구상
출처: 김홍주,『惡의 논리』, 弘盛社, 1981年, p. 260을 참고하여 재구성.

교나 일러교섭이 미국의 세계 전략으로 실패한 바 있지만, 미국의 중국봉쇄가 단기전이 아닌 장기전이라고 추론한다면 일

시아는 과거의 소련연방이 아니라, 인구 1억 4,500만 명에 지나지 않는 그저 평범한 국가에 지나지 않는다는 점에 일본(약 1억 3천만 명)은 주목할 필요가 있다.(岡崎久彦,『戦略的思考とは何か』, 中央公論社, 1983年, p. 53) 따라서 종전 후(러-우 전쟁), 러시아의 재건과 부활은 중국 대륙 세력과의 연대가 아니라, 미국의 세계 전략에 편입되어 중국봉쇄에 참여하는 것으로써 가능하다. 이런 맥락에서 본다면, 미국의 세계 전략에 있어서 러시아의 편입은 변수가 아니라 상수이며, 러시아 역시 긍정적인 태도를 보일 것이라고 추측할 수 있다. 그만큼 러시아는 국가 생존을 위한 새로운 전략적 사고가 필요한 상황이기 때문이다.

본과 러시아의 협력은 허상이 아니며, 미국의 선택지에 포함될 수도 있다. 만약 이것이 실현된다면 21세기 일본의 활동 공간[53]은 비약적으로 확장될 것이며 향후 국가적 번영을 기대할 수 있을 것이다.

---

53 지금까지 중국과 러시아라는 대륙 세력에 대한 견제는 해양 세력인 일본의 올바른 전략적 선택이었다. 그러나 만약 러시아를 해양 세력으로 편입시킬 수 있다면, 일본은 향후 100년 이상 러시아(시베리아 포함)에서 생존 공간을 확보할 수 있다. 특히 홋카이도와 북방 4도, 그리고 사할린 섬을 통해 시베리아철도를 이용한다면, 시베리아개발은 물론 유럽과도 단번에 연결할 수 있을 것이다. 반대로 러시아는 작금의 러시아-우크라이나 전쟁의 여파로 향후 반세기 동안은 유럽에서 고립을 면치 못할 것이다. 따라서 나토의 동진에 대항한다는 명목하에 유럽의 완충지대를 확보 및 확충(러시아의 이익선)하기보다는, 오히려 미국과 일본의 협력하에 시베리아 개발에 전념하는 것이 국가 생존에 유리할 것이다. 물론 미국의 세계 전략에 러시아가 포함될 수 있는가 하는 문제에 직면할 수밖에 없지만, 불확실한 미래(미국의 쇠퇴 등)에 능동적으로 대처하기 위해 대륙을 의미하는 러시아로의 진출을 긍정적으로 접근할 필요가 있다.

결론

일본은 4개의 큰 섬과 수천 개의 작은 섬으로 이루어진 해양국가이다. 해양국가인 일본은 대륙이 평화롭고 안정적인 시기에는 적극적으로 대륙으로 나아갔지만, 대륙이 불안정한 시기에는 관망 혹은 단절하였다. 즉 일본은 언제나 바다라는 자연적인 방어막을 이용하여 자국에 유리한 대외 관계를 설정할 수 있었다. 일본의 지리적 위치와 주변 환경이 국가 전략에 결정적인 영향을 미친 것은 분명한 사실이다. 섬나라인 일본이 선택할 수 있는 대외적인 진출 방향은 한반도를 거쳐서 대륙으로 진출하는 것 또는 태평양으로 진출하는 것이었다. 근대 일본은 일단 대륙으로 진출하는 방안을 선택하였으며 여기에는 생존공간 확보에 주안점을 둔 독일의 지정학이 지대한 영향을 미쳤다고 할 수 있다. 당시 일본은 자급자족을 가능케 하는 공간의 확보를 지향하는 생존권 이론을 차용하여 소위 야마토(大和) 민족이 살아갈 공간을 확보하기 위해 일만지(日滿支)를 중심으로 한 대동아공영권 구축을 국가적 목표로 설정하였다.

이모토 노부유키(飯本信之)는 「인종투쟁의 사실과 지라학적 고찰(人種争闘の事実と地理学的考察)」에서 "종족의 인구수가 증가할수록 필요한 공간도 동시에 증대될 수밖에 없으며, 인간의 생활에 필요한 의식주는 이 공간에서 구할 수밖에 없다. (중략) 인간은 지구상에서 살아가는 실체로서 생활체의 일반적인 법칙에 복종하고 항상 자연의 생활공간과 함께하지 않으면 안 된다. 증가하는 인구 및 역사적 활동에 의해 결정되는 공간의 정복, 공간의 충전이라는 것은 예컨대 생활공간 증대의 결과라고 볼 수 있다."[1]라고 언급하였다. 이러한 논리는 생활공간 확보라는 전제하에 이른바 대동아공영권 구축에 몰두하였던 당시 일본의 국가적 행태에 커다란 영향을 미쳤다. 또한 1941년 『동아국토계획(東亜国土計画)』을 출간한 이치이 오사무(一井修)는 "일본이 중국 대륙에서 전개하고 있는 총력전의 최종 목표는 신질서를 지향하는 동아공영권 건설이다. 유럽 세력의 제국주의적 침략을 물리치고 아시아적 공동번영의 생활권을 확립하는 것이 중국사변의 역사적 의의이다."[2]라고 강변하기도 하였다.

근대 일본제국주의의 근저에는 국가적 목표인 자주 독립과 대외 팽창을 실현하고자 하는 의식이 자리 잡고 있었다. 특히 독립이라는 것은 단순히 형식적인 독립을 의미하는 것이 아니

---

1 飯本信之,「人種争闘の事実と地理学的考察」,『地理学評論』第1巻9号, 日本地理学会, 1925年, pp. 20-21.

2 一井修,『東亜国土計画』, 同文館, 1941年, p. 56.

라, 주권국가로서 정치·군사적 역할을 자주적으로 수행하면서 무엇보다도 경제적 자립을 이룩하는 것을 의미했다. 즉 타국의 간섭을 받지 않을 뿐 아니라 영향도 받지 않는 자원과 시장의 확보를 통하여 일본 경제가 외부의 어떤 세력에 대해서도 독립을 유지할 수 있는 체제와 구조를 유지하는 것이었다.

근현대 일본은 국가적 독립성을 유지하기 위해 끊임없이 공간 확보에 열중하였다. 예컨대 청일전쟁을 비롯하여 러일전쟁, 만주사변과 일중전쟁, 그리고 대동아공영권 구상은 대외적 팽창이라는 국가의 전략적 목표이면서 동시에 일본의 독립성 확보를 위한 노력의 일환이었다고 할 수 있다. 그러나 결과적으로 중국 대륙에서 일본의 공간 확보는 성공적이지 못했다. 그 실패의 원인은 해양국가임에도 불구하고 대륙국가로서의 전략을 취했기 때문이다. 특히 중국 대륙에 대한 일본의 지나친 개입은 결코 국가이익에 부합하지 못했는데, 이는 역사적 사실에서 확인할 수 있다. 즉 청일전쟁을 기점으로 일본은 한반도와 만주, 나아가 중국 대륙으로 진출하였지만 이러한 팽창 노선은 일본에 경제적 이익을 가져오기보다는 일본의 멸망을 재촉하였다. 당시 일본은 국가 재정의 대부분을 대륙에 집중하면서 재정위기가 초래되어 막대한 국가적 손실을 입었고, 결국 국내경제가 몰락하여 국민생활이 도탄에 빠지게 되었다.

해양국가인 일본은 해양지정학에 입각하여 해양으로 진출해야 했음에도 불구하고 대륙지정학을 신봉하고 이를 실행에 옮겼으며, 그 결과는 실패로 귀결되었다. 단적으로 말해 일본의 대륙 진출은 중국에 대한 지나친 개입을 초래하였다. 오늘날의 일본이 실패를 반복하지 않으려면 과거 중국과의 관계를 반면교사로 삼아야 한다. 또 대륙과의 관계를 설정하는 데에도 보다 신중한 자세가 필요하다. 일본의 새로운 지정학적 구상은 해양을 향해야 할 것이다. 그 선결과제는 중국 대륙에 대한 지나친 관심을 극복하는 것이다. 일본은 정치, 경제, 군사 등의 분야에서 중국과 일정한 거리를 유지함으로써 독자성을 확보해야 한다. 지금까지 일본의 경제적 부는 중국에 의존한 바가 컸다고 할 수 있다. 하지만 이제 일본은 중국을 대체할 수 있는 새로운 지정학적 공간을 마련해야만 할 것이다.

일본은 진정한 입아론(入亞論)을 실천하여 국가적 성격을 '일본의 아시아'가 아닌 '아시아의 일본'으로 재정립할 필요가 있다. 키쇼르 마부바니가 "일본이 범하고 있는 지정학적 구상의 실수는 19세기의 판단을 21세기가 되어서도 여전히 버리지 않고 있는 것"[3]이라고 지적한 바 있듯이 일본은 과거의 지정학적 사고를 탈피하지 못하고 있다. 또한 일본은 미국과의 동맹 속에서 대중국 포위망에 적극적으로 참여·기여함은 물론 한일협력을 더욱 강화하여 한일대동맹(韓日台同盟)을 이룩해야 하며, 이를 바탕으로 서태평양국가연합을 결성해야 할 것이다.

3 キショール·マブバニ(橘明美訳), 『外交』 第6号, 外務省, 2011年2月, p. 16.

본서에서는 과거 일본의 북방대륙 정책의 이론적 근거를 제공한 대륙형 지정학의 문제점을 분석함과 동시에, 해양국가로서 남방해양 정책을 지향케 하는 새로운 지정학적 논리를 마련해야만 한다는 데 주안점을 두었다. 즉 섬나라인 일본이 21세기에 진정한 해양국가로서 나아갈 방향을 제시하였다. 과거 일본은 해양 패권 세력인 영국을 전략적 동반자로 선택하여 동아시아에서 세력을 확대하였지만, 영국은 물론 신흥 해양 패권 세력으로 부상한 미국과 반목하면서 쇠락의 길을 걷게 되었다. 대동아공영권 구상은 일본의 배타적인 공간을 확보한다는 목표에 치중한 나머지 대륙지정학과 해양지정학을 급조한 기형적인 논리에 불과하였으며, 무엇보다도 해양을 매개로 연결된 동아시아 지역의 지리적 특성을 충분히 반영하지 못하였다. 현재의 일미동맹은 역사적·현실적 측면에서 해양국가인 일본의 합리적 선택이라고 볼 수 있다. 해양 세력 간의 동맹은 지정학적 측면에서 자연스러운 것이며, 중국과 러시아라는 대륙 세력에 대한 견제는 해양 세력인 일본의 올바른 전략적 선택이다.

미국을 중심으로 한 해양 세력과 협력하여 국제사회의 평화와 안정을 도모하려는 일본의 자세는 당분간 유지될 것으로 보이며 과거와 같은 잘못된 선택을 반복하지는 않을 것으로 예상된다.[4] 동아시아의 신흥 국가에 지나지 않았던 일본

4 加藤陽子,『戦争の日本近現代史』, 講談社現代親書, 2002年 참조.

이 강대국으로 도약한 계기가 영일동맹이었음을 무시해서는 안 될 것이다. 해양국가로서 해양 패권 세력과의 연대가 얼마나 중요하며, 국가적 명운에 어떠한 영향을 미치는지는 역사적 사실에서 알 수 있다.[5] 1500년 이후부터 지금까지 세계 패권국가는 모두 포르투갈, 스페인, 네덜란드, 영국, 미국 등 해양국가이다. 반면 대륙국가인 소련, 독일, 프랑스는 패권적 지위에 도전하였지만 실패하였다.[6] 일본도 동아시아 지역의 패권에 도전하였지만, 해양 세력인 미·영에 의해 좌절되었다. 21세기 일본은 중국이라는 대륙 세력의 위협에 시달릴 것이며 대륙에서의 입지를 확보하기란 거의 불가능에 가까울 것이다. 미국과의 패권 경쟁에서 승리한다면 중국은 러시아를 제치고 가장 강력한 대륙 세력의 반열에 오를 것이다. 소위 제1 열도선은 미국의 대중국 포위망인 동시에 중국의 세력권이라고 볼 수 있으며 일본을 압박하는 경계선이 될 것이다. 일본은 역사적 사실과 지정학적 사고를 고려하여 중국의 핵

---

5 이러한 역사적 사실에 기인하여 일본은, “동맹이 세력 균형을 유지하도록 해 줄 뿐만 아니라, 제국의 흥망과 영원한 투쟁의 불안정에서 생겨날 수밖에 없는 불안과 걱정을 피할 수 있도록 해 준다.”라는 믿음을 갖고 있다.[니컬러스 존 스파이크먼(김연지·김태중·모준영·신영환 역), 『강대국 지정학』, 글항아리, 2023년, p. 665] 일본은 이 믿음에 따라 미국과 인도, 그리고 호주와 필리핀 등 해양국과의 동맹 내지 연계를 통해 새로운 지정학에 입각한 국가 전략을 수립하고 있는 것 같다. 특히 『日本の地政学』의 저자 기타노 요시노리(北野幸伯)는 과거 영국이 독일의 대륙 세력을 견제한 것처럼, 일본도 중국의 대륙 세력에 대항하기 위해서는 주변 국가의 동맹 세력을 늘리는 것이 중요하다고 주장한다.(北野幸伯, 『日本の地政学』, 扶桑社, 2020年 참조)

6 피터 자이한(홍지수·정훈 역), 『21세기 미국의 패권과 지정학』, 김앤김북스, 2019년, p. 11.

심적 이익 지역[7]에 보다 신중히 접근할 필요가 있다. 센카쿠 제도를 둘러싼 일·중 간의 갈등과 대립은 일본에 대한 중국 대륙의 압박이 이미 시작되었음을 의미한다.

2023년 5월 한국을 방문한 기시다 후미오(岸田文雄) 수상은 윤석열 대통령과의 정상회담에서 한일 셔틀 외교를 12년 만에 부활시키고 양국의 안보협력을 통하여 대중국 억지력과 대처력을 강화하는 것에 합의하였다. 또한 8월에는 미국의 바이든 대통령, 한국의 윤석열 대통령과 3자 정상회담을 통하여 북한과 중국의 패권적 행위에 대한 공동 대응을 천명하였으며 3국 간의 정상 및 장관급 회담을 정례화하고 정보공유를 강화하는 제도적 방안을 마련하는 데 의견을 같이하였다. 최근 러시아-우크라이나 전쟁과 이스라엘-하마스 전쟁, 중국의 대만 침략 위협 등 유럽, 중동, 그리고 아시아를 둘러싼 지정학적 불안정성이 커지고 있는 것은 부정할 수 없는 사실이다. 이러한 상황의 중심에는 지역적 차원에서 미국을 배제한 채 새로운 질서를 구축하려는 움직임이 있다. 그 핵심세력은 러시아와 중국이라는 대륙 세력이며, 이것은 곧 세계 패권의 향방과 직결되는 문제라고 할 수 있다. 이러한 국제정세 속에서 세계 각국은 자국의 안보와 발전을 위한 최선의 방안을 모색하고 있다. 일본도 예외는 아니다. 사실 그 어느

---

7 중국의 핵심지역으로는 위구르, 대만, 남중국해 주변의 난사 군도, 센카쿠 제도 등을 꼽을 수 있다. 이 지역들은 중국의 정치 체제 유지와 경제 발전, 그리고 사회적 안정과 안전 보장을 위해 결코 타국에 양보할 수 없는 곳들이다.(佐藤優, 『使える地政学』, 朝日親書, 2016年, p. 197 참조)

국가보다도 새로운 사고와 행동이 요구된다고 할 수 있을 것이다. 일본이 기존의 낡은 틀에서 탈피하여 미래지향적인 지정학적 인식을 확립할 수 있게 되기를 기대한다.

부록

[부록 1] '만주국'에 근무한 지정학자

성명	소속 기관	학력	전공	졸업 연도	비고
入江久夫	만주교육전문학교, 만철교육연구소, 경제조사회, 산업부, 조사부	교토대학	지리학	1928	「満州経済地域の変遷」 발표.
宮川善造	건국대학(만주국)	교토대학	지리학	1929	1949년 도호쿠(東北)대학 강사 및 익년에 교수. 「大東亜地政学と満洲の地位」 발표.
太田喜久雄	만철산업부 동경출장소, 동경지사 조사실	교토대학	지리학	1930	「薩藩領麓之研究(軍事的聚落としての麓)」 발표.
増田忠雄	만철교육연구소, 조사부, 조사국	교토대학	지리학	1930	『満洲国境問題(東亜新書)』 발표.
山口平四郎	만철조사부, 조사국	교토대학	지리학	1934	육군 중장 야마구치 마사루(山口勝)의 4남. 1970년 인문지리학회장. 리쓰메이칸(立命館)대학 교수.
村上次男	안산(鞍山)중학교(만철 경영)	교토대학	지리학	1936	교토학파의 회원. 안산(鞍山)중학교 지리 교사. '吉田の会'에 조수로서 참가.
浅井得一	만주국 국무원 총무청 기획처	교토대학	지리학	1936	교토학파의 회원. 니혼(日本)대학 조교수 및 메이지(明治)대학 교수. 일본지리교육학회 회장.
伊藤博	건국대학(만주국)	교토대학	지리학	1938	센슈(専修)대학 교수. 쓰쿠바(筑波)대학 교수. 교리쓰(共立)여자대학 학장. 만요(萬葉)학회 대표.

성명	소속 기관	학력	전공	졸업 연도	비고
浅井辰郎	건국대학(만주국)	교토대학	지리학	1939	교토학파의 회원. 외방도(外邦図) 제작. 내몽고 초원 조사대(内蒙古草原調査隊)[기하라 히토시(木原均) 대장] 및 서태평양 포나페섬 조사 참가.
草光繁	만철 지질 조사소	도쿄대학	지리학	1931	만주국 및 만철의 의뢰로 백두산 지형 조사. 시마네(島根)대학 교수.
石原巖	만주국 총무청 참사관	도쿄대학	지리학	1932	교통신문사(交通新聞社) 근무.
仁木盛雄	사도(師道)대학(만주국 국립대학)	도쿄대학	지리학	1933	도쿄대학 교수. 도쿄대학 동양문화연구소장. 대동문화대학 교수.
西村嘉助	만철조사부	도쿄대학	지리학	1940	패전 후 인도네시아에서 1년간 포로 생활. 히로시마(広島)대학 교수. 도호쿠(東北)대학 교수.
奥村和夫	만철 철도총국 수도과	도쿄대학	지리학	1940	고치현(高知県)의 仁淀川 유역 역층(礫層) 조사. 만주국 각지의 영구동토층(永久凍土層) 조사. 소련 국경지대 조사. 『大陸之水道』 발표.
牛山喜	여순사범(旅順師範)학교	도쿄문리과대학(쓰쿠바대학)	지리학	1934	「諏訪の風車」, 『地理学評論』 4권 8호, 1928년 발표.
山本荘毅	만철 철도총국 수도과	도쿄문리과대학(쓰쿠바대학)	지리학	1940	1963년 7월 농림성(農林省) 농지국 총무감사관. 도쿄교육대학 교수.
野村正七	만주육군 군관학교	도쿄문리과대학(쓰쿠바대학)	지리학	1941	「地理学方法論-地理学の性格-」 발표.
小田内通敏	만주국 국무원 총무청 기획처, 건국대학(만주국)	도쿄고등사범학교	지리 역사	1899	와세다(早稲田)중학교 교사 및 와세다대학 강사. 게이오(慶応義塾)대학 강사. 후쿠시마현(福島県) 임정과(林政課), 농무과, 계획과에서 조사 사무 담당. 국립음악대학 교수.

성명	소속 기관	학력	전공	졸업 연도	비고
千葉徳爾	관동군	도쿄고등 사범학교	지리 역사	1939	아이치(愛知)대학, 쓰쿠바(筑波)대학, 메이지(明治)대학 교수. 일본민속학회 대표. 야나기타 구니오(柳田國男) 문하생.

출처: 柴田陽一, 「「満洲国」における地理学者とその活動の特徴」, 『中国社会主義文化の研究: 京都大学人文科学研究所附属現代中国研究センター研究報告』, 京都大学人文科学研究所附属現代中国研究センター, 2010年; 石井(藤井)素介, 「三河紀行素描一戦時下の旧北浦辺境調査旅行日誌一」, 『空間·社会·地理思想(5)』, 大阪市立大学文学部, 2000年 등을 참고하여 재구성.

[부록 2] 일본과 중국의 군사력 비교

구분	일본	중국
국방비	5.4조 엔(円)	약 30조 엔(円)
육상 병력	14만 명	97만 명
해상 전력	140척	750척
항공 전력	360기	3,030기

출처: 「日中の軍事力比較」, 『読売新聞』(2022年10月15日)을 참고하여 재구성.

참고문헌

1. 일본어 문헌

단행본

滝本誠一,『佐藤信淵家学全集』, 岩波書店, 1927年.
飯本信之,『政治地理学研究』, 中興館, 1935年.
加田哲二,『東亜協同體論』, 日本青年外交協會出版部, 1939年.
小牧實繁,『日本地政学宣言』, 弘文堂, 1940年.
山政道,『東亜と世界』, 改造社, 1941年.
蝋山政道,「大東亜広域圏論-地政学的考察」,『太平洋問題の再検討』, 朝日新聞社, 1941年.
西村真次,『大東亜共栄圏』, 博文館出版, 1942年.
小牧實繁,『日本地政学宣言』, 白揚社, 1942年.
森谷克己,『東洋的生活圈』, 育生社弘道閣, 1942年.
日本地誌學会編,『日本地誌學(1)』, 中興館, 1942年.
小牧実繁,『大東亜地政学新論』, 星野書店, 1943年.
カール·ハウスホーファー(窪井義道訳),『大陸政治と海洋政治』, 大鵬社, 1943年.
日下藤吉,『国土計画の理論』, 大鵬社, 1944年.
財団法人日本貿易振興会日本貿易研究所,『糖業より見たる広域経済の研究(著作集8)』, 栗田書店, 1944年.

斎藤実文書(角田順),『満州問題と国防方針ー明治後期における国防環境の変動』, 原書房, 1959年.
「佐藤内閣総理大臣の所信に関する演説」, 国立国会図書館所蔵『第47回国会衆議院会議録(第3号)』, 1964年.
角田順編,『石原莞爾資料』, 原書房, 1967年.
石原莞爾,「陸軍士官学校満州国生徒に対する講演概要筆記」, 角田順編,『石原莞爾資料ー国防論策ー』, 原書房, 1967年.
参謀本部編,『杉山メモー大本営·政府連絡会議等筆記(上)』, 原書房, 1967年.
防衛庁防衛研修所戦史室,『戦史叢書大本営陸軍部(1)』, 朝雲新聞社, 1967年.
三木清,『三木清全集(19)』, 岩波書店, 1968年.
岡義武,『山県有朋』, 岩波新書, 1968年.
外務省編,『日本外交年表竝主要文書(下)』, 原書房, 1969年.
外務省百年史編纂委員会,『外務省の百年』, 原書房, 1969年.
竹内好,『アジア主義』, 筑摩書房, 1969年.
角田順編,『石原莞爾資料-国防論策編』, 原書房, 1970年.
橋川文三,「東亜新秩序の神話」,『近代日本政治思想史』, 有斐閣, 1970年.
植手通有,「対外観の転回」,『近代日本政治思想史(Ⅰ)』, 有斐閣, 1971年.
上村伸一,『日本外交史(17)』, 鹿島平和研究所, 1971年.
石橋湛山全集編纂委員会編,『石橋湛山全集(1)』, 東洋経済新報社, 1971年.
石原莞爾,『最終戰爭論』, 経済往来社, 1972年.
防衛庁防衛研修所戦史室,『戦史叢書 大本営陸軍部 大東亜戦争開戦経緯(1)』, 朝雲新聞社, 1973年.
三宅正樹,『日独伊三国同盟の研究』, 南窓社, 1975年.
矢野暢,『「南進」の系譜』, 中央公論社, 1975年.
石原莞爾全集刊行会編,『石原莞爾全集 東亜聯盟運動』(別巻), 石原莞爾全集刊行会, 1976年.

読売新聞社編,『昭和史の天皇』, 読売新聞社, 1976年.
服部卓四郎,『大東亜戦争全史』, 原書房, 1977年.
外務省外交資料館編纂,『日本外交史辞典』, 大蔵省印刷局, 1979年.
横山臣平,『秘録 石原莞爾』, 芙蓉書房, 1980年.
三輪公忠,「日本にとって1930年代-その精神史上の特質」,『日本の1930年代』, 彩光社, 1980年.
高山信武,『昭和名将録(2)』, 芙蓉書房, 1980年.
波多野澄雄,「『東亜新秩序』と地政学」,『日本の1930年代』, 創流社, 1980年.
河野収,『地政学入門』, 原書房, 1981年.
間野俊夫,「高嶋さんと総力戦」,『雪松·高嶋辰彦さんの思い出』, 森晴治, 1981年.
海外経済協力基金,『海外経済協力基金ニ十年史』, 海外経済協力基金, 1982年.
松沢哲成,『日本ファシズムの対外侵略』, 三一書房, 1983年.
岡崎久彦,『戦略的思考とは何か』, 中央公論社, 1983年.
増田弘編,『小日本主義』, 草思社, 1984年.
平松茂雄,『甦る中国海軍』, 勁草書房, 1991年.
長田彰文,『セオドア·ルーズベルトと韓国—韓国保護国化と米国』, 未来社, 1992年.
マーク·R·ピーティ 著(大塚健洋, 他訳),『「日米対決」と石原莞爾』, たまいらぼ, 1993年.
鴨武彦編,『大日本主義との闘争』, 東洋経済新報社, 1996年.
大杉一雄,『日中十五年戦争史』, 中公新書, 1996年.
ケント·E·カルタ,『アジア危機の構図』, 日本経済新聞社国際部, 1996年.
黒龍会編,『東亜先覚志士記伝』, 原書房, 1997年.
葛生能久,『東亜先覚志士記伝(上)』, 大空社, 1997年.
日本政治学会編,『年報 政治学』, 岩波書店, 1998年.

櫻井良樹,「日中提携と「国民的新党」の創設」,『日本政治学会年報』, 岩波書店, 1998年.
高崎宗司編,『近代日本と植民地(5)-膨張する帝国の人流』, 岩波書店, 2001年.
伊東憲一,『海洋国家日本の構想』, 財団法人日本国際府フォ-ラン, 2001年.
加藤陽子,『戦争の日本近現代史』, 講談社現代親書, 2002年.
猪口孝,『日本のアジア政策』, NTT出版, 2003年.
毛利和子,『日中関係-戦後から新時代へ』, 岩波新書, 2006年.
黄文雄,『黄文雄の大東亜戦争肯定論』, ワック, 2006年.
内田弘編,『三木清 東亜協同体論集』, こぶし書房, 2007年.
三宅正樹,『スターリン, ヒトラーと日ソ独伊連合構想』, 朝日新聞社, 2007年.
兵頭二十八,『近代未満の軍人たち: 兵頭二十八軍学塾』, 光人社, 2009年.
防衛省,『平成23年版防衛白書』, 防衛省, 2011年.
山本健太郎,「日韓防衛協力をめぐる動向と展望」,『レファレンス』, 国立国会図書館調査及び立法考査局, 2012年.
佐藤優,『使える地政学』, 朝日新聞出版, 2016年.
飯島大介,『ASEAN 進出企業実態調査(2016年)』, 帝国データバンク, 2016年.
宮家邦彦,「国際戦略の行方ーマネ-とパワ-の地政学から日本外交を考えるー」,『アカデミア(116)』, 財団法人キヤノングローバル戦略研究所, 2016年.
曽村保信,『地政学入門』, 中公親書, 2017年.
中野剛志,『富国と強兵』, 東洋経済新報社, 2017年.
小此木政夫,『朝鮮分断の起源: 独立と統一の相克』, 慶應義塾大学出版会, 2018年.
北野幸伯,『日本の地政学』, 扶桑社, 2020年.
秋元千明,『戦略の地政学』, ウェッジ, 2021年.

北岡伸一,『西太平洋連合のすすめ-日本の「新しい地政学」』, 東洋経済新報社, 2021年.

논문 및 기타

飯本信之,「人種争闘の事実と地政学的考察(一)」,『地理学評論』第1巻9号, 日本地理学会(古今書院), 1925年.
飯本信之,「人種闘争の事実と地政学的考察(二)」,『地理学評論』第1巻10号, 日本地理学会, 1925年.
飯本信之,「世界政策の交通地理的概観(二)」,『地理学評論』第3巻2号, 日本地理学会, 1927年.
飯本信之,「所謂地政学の概念」,『地理学評論』第4巻1号, 日本地理学会, 1928年.
長島隆二,「国防費と国際関係」,『政友(391)』, 立憲政友会, 1933年.
小牧実繁ほか,「(座談会)大東亜における白禍を暴く-日本地政学的に見た東亜共栄圏-」,『週間朝日』, 1941年.
小牧実繁,「『大東亜戦争』宣言」,『週刊朝日』, 1941年.
佐藤弘,「太平洋の地政治学」,『人橋論叢』第7巻3号, 岩波書店, 1941年.
印刷者発行 者,『週報(281)』, 内閣情報局, 1942年.
「新安保条約および歯舞, 色丹返還の条件に関するソヴィエト政府覚書(仮訳) 昭和三十五年一月二十七日」, 外務省情報文化局,『外務省公表集(昭和35年度上半期)』, 1960年7月.
鶴見俊輔,「幕末以来の日本人はどのように変わったか」,『基督教研究』, 基督教研究會, 1964年.
碓井隆次,「佐藤信淵と河上肇」,『社會問題研究』第21巻1·2号, 大阪社会事業短期大学社会問題研究会, 1971年.
竹内啓一,「日本におけるゲオポリティクと地理学」,『人橋論叢』第72巻第2号, 日本評論社, 1974年.
五百旗頭真,「東亜聯盟論の基本的性格」,『アジア研究』第22巻1号, アジア政経学会, 1975年.

杉野圀明,「経済地理学と世界経済」,『立命館経済学』第19巻4号, 立命館大学経済学部, 1976年.

田中梓,「昭和陸軍の鬼才·石原莞爾について」,『参考書誌研究·第一九号』, 国立国会図書館, 1980年.

波多野勝,「フィリピン独立運動と日本の対応」,『アジア研究』第34巻4号, アジア政経学会, 1988年.

安部博純,「〈大東亜共栄圏〉構想の形成」,『北九州大学法政論集』第16券2号, 北九州大学法学会, 1989年.

福嶋依子,「地理学の方法論敵反省と地政学」,『お茶の水地理(32)』, お茶の水地理学会, 1991年.

堀真清,「東亜新秩序建設の思想と現実—第一次近衛内閣の三つの声明をめぐって—」,『法学論集(25)』, 西南学院大学学術研究所, 1993年.

赤木完爾,「戦後日本の東南アジア回帰とアメリカの冷戦政策」,『法学研究』第68巻11号, 慶應義塾大学法学研究会, 1995年.

村上次男,「日本地政学の末路」,『空間·社会·地理思想(4)』, 大阪市立大学文学部地理学教室, 1999年.

今井隆夫,「東亜協同体論と知識人-新明正道『東亜協同体の理想』の位置」,『ソシオサイエンス(6)』, 早稲田大学大学院社会科学研究科, 2000年.

石井(藤井)素介,「三河紀行素描一戦時下の旧北浦辺境調査旅行日誌一」,『空間·社会·地理思想(5)』, 大阪市立大学文学部, 2000年.

武藤秀太郎,「宇野弘蔵の広域経済論」,『日本研究(25)』, 角川書店, 2002年.

林有子,「日独戦時イデオロギ-を支えた〈土の思想〉-カール·ハウスホーファ-の地政学をめぐって-」,『ドイツ研究(32)』, 日本ドイツ学会, 2001年.

柴田陽一,「建国大学における地理学者とその活動」,『史林』第4巻5号, 史学研究会, 2002年.

佐藤健, 「日本における地政学思想の展開」, 『北大法学研究科ジュニア·リサーチ·ジャーナル(11)』, 北海道大学院 法学研究科, 2005年.
内田弘編, 「三木清の東亜協同体論」, 『専修大学社会科学研究所月報(508)』, 専修大学社会科学研究, 2005年.
胆紅, 「「東亜協同体」論をめぐって」, 『中国研究月報』 第61巻10号, 中国研究所, 2007年.
前田晃伸, 「地政学リスクの時代と日本経済」, 『調査報告』, 日本経済調査協議会, 2018年.
小林茂·鳴海邦匡, 「総合地理研究会と皇戦会」, 『歴史地理学』 第50巻4号, 歴史地理学会, 2008年.
高木彰彦, 「雑誌『地政学』にみる日本の地政学の特徴」, 『史淵(46)』, 大学大学院人文科学研究院, 2009年.
平間洋一, 「海洋権益と外交·軍事戦略」, 『国際安全保障』 第35巻1号, 日本評論新社, 2007年.
柴田陽一, 「アジア·太平洋戦争期の戦略研究における地理学者の研究」, 『歴史地理学』 第49巻5号, 歴史地理学会, 2007年.
小林茂·鳴海邦匡, 「総合地理研究会と皇戦会」, 『歴史地理学』 第50巻4号, 歴史地理学会, 2008年.
坂本健蔵, 「永井柳太郎の日満ブロック論」, 『法政論叢』 第46巻1号, 日本法政学会, 2009年.
柴田陽一, 「「満洲国」における地理学者とその活動の特徴」, 『中国社会主義文化の研究: 京都大学人文科学研究所附属現代中国研究センター研究報告』, 京都大学人文科学研究所附属現代中国研究センター, 2010年.
キショ-ル·マブバニ(橘明美訳), 「地政学から見た日本の前途」, 『外務(6)』, 外務省, 2011年.
小牧実繁, 「思想戦と「日本地政学」: 小牧実繁のプロパンダ活動の展開とその社会的影響」, 『人文学報(105)』, 京都大学人文科学研究所, 2014年.

宮田顯,「中国経済の現状と日本企業の動向」,『YBC(5)』, 山田ビジネスコンサルティング株式会社, 2015年.

飯島大介,『ASEAN 進出企業実態調査(2016年)』, 帝国データバンク, 2016年.

緒方卓,「「政治最優先」へ変化する中国と日本企業の対応」,『知的資産創造』, 野村総合研究所, 2017年.

堀いつ子·日上正之など,「日系企業の海外事業からの撤退について」,『JOI』第7月号, 海外投融資情報財団, 2017年.

酒向浩二,「日本のアジア直接投資動向」,『MIZUHO』, みずほ総合研究所, 2018年.

前田晃伸,「地政学リスクの時代と日本経済」,『調査報告』, 日本経済調査協議会, 2018年.

伏田寛範,「日ロ平和条約交渉ーこれまでの経緯と今後の交渉のポイント」,『国問研戦略コメント(7)』, 2019年.

柴田陽一,「日本における訳語「地政学」の定着過程に関する試論·補遺」,『空間·社会·地理思想(22)』, 大阪市立大学文学部地理学教室, 2019年.

アジア大洋州局地域政策参事官室,『目で見るASEAN-ASEAN経済統計基礎資料』, 2019年.

木場紗綾,「米中の間で揺れる東南アジアの外交と日本の関与」,『社会科学』第48巻第4号, 同志社大学人文科学研究所, 2019年.

クリスティアン·W·シュパング(高木彰彦訳),「カール·ハとウスホ-ファ-ドイツの地政学」,『空間·社会·地理思想(22)』, 大阪市立大学文学部地理学教室, 2019年.

高木彰彦,「戦時下日本における国土計画と地政学」,『史淵(156)』, 九州大学大学院人文科学研究院歴史学部門, 2019年.

JETRO,「2022年度海外進出日系企業実態調査-アジア·オセアニア編—ASEAN, 南西アジアで業績回復続く, 中国はゼロコロナ政策により停滞-」, 2022年12月15日.

「基本国策要綱」, 『支那事変関係一件』(レファレンスコード: B20020305447), 外交史料館所蔵.
「第二次対外施策方針要綱(案)」, 『帝国ノ対外政策関係一件』(レファレンスコード: B20020300123), 外交史料館所蔵.
『朝日新聞』, 1961年11月12日.
『朝日新聞』, 1995年3月27日.

2. 한국어 문헌

단행본

구라마에 모리미치(김흥주 역), 『悪의 논리』, 弘盛社, 1981년.
倉前盛通(李錫範譯), 『新悪의 論理』, 태광문화사, 1981년.
閔丙天, 『韓國防衛論』, 高麗苑, 1983년.
아돌프 히틀러(서석연 역), 『나의 투쟁(吾が闘争)』, 범우사, 1989년.
필립 모로 드파르쥐(이대희·최연구 역), 『지정학 입문-공간과 권력의 정치학』, 새물결, 1997년.
김경일, 「대동아공영권 '이념'과 아시아의 정체성」, 『동아시아의 지역질서』, 창비, 2005년.
콜린 플린트(한국지정학연구회 역), 『지정학이란 무엇인가』, 도서출판 길, 2006년.
역사학회, 『전쟁과 동북아의 국제질서』, 일조각, 2006년.
박진희, 『한일회담』, 선인출판, 2008년.
김경일, 『제국의 시대와 동아시아연대』, 창비, 2011년.
채수도, 『동아동문회: 일본제국주의의 첨병』, 경북대학교출판부, 2011년.
피터 자이한(홍지수·정훈 역), 『21세기 미국의 패권과 지정학』, 김앤김북스, 2019년.
김동길, 『지정학의 힘』, 아카넷, 2022년.

정의길, 『지정학의 포로들』, 한겨레출판, 2022년.
다카하시 요이치(김정환 역), 『근현대 전쟁으로 읽는 지정학적 세계사』, 시그마북스, 2022년.
코스믹출판(야베 겐타로 감수, 전경아 역), 『일본 전국시대 130년 지정학』, 이다미디어, 2023년.
니컬러스 존 스파이크먼(김연지·김태중·모준영·신영환 역), 『강대국 지정학』, 글항아리, 2023년.

논문 및 기타

김광채, 「Karl Haushofer의 地政學思想에 關한 硏究」, 『국토지리학회지』, 국토지리학회, 1977년.
김정현, 「일제의 대동아공영권 논리와 실체」, 『역사비평(26)』, 역사문제연구소, 1994년.
서중석, 「박정권의 대일자세와 파행적 한일관계」, 『역사비평』, 역사문제연구소, 1995년.
함동주, 「미키 키요시의 동아협동체론과 민족문제」, 『인문과학』, 성균관대학교 인문과학연구소, 2000년.
배경한, 「中日戰爭 시기 中國에서의 東亞聯盟運動과 汪精衛政權」, 『中國近現代史硏究(21)』, 한국중국근현대사학회, 2004년.
임성모, 「대동아공영권 구상에서의 '지역'과 '세계'」, 『세계정치(4)』, 서울대학교 국제문제연구소, 2005년.
채수도·김경일, 「이시바시 단잔(石橋湛山)의 소일본론과 평화구상」, 『日本文化硏究(22)』, 동아시아일본학회, 2007년.
이석원, 「대동아 공간의 창출」, 『역사문제연구(19)』, 역사문제연구소, 2008년.
채수도, 「초기 대동아공영권(大東亞共榮圈) 구상에 관한 일고찰」, 『日本文化硏究』 제35권 35호, 동아시아일본학회, 2010년.
金光男, 「「明治初期」日本のアジア外交について」, 『유라시아연구』 제8권 4호, 아시아·유럽미래학회, 2011년.

蔡數道, 「大陸浪人と「満蒙独立運動」に関する研究」, 『日本語文学(52)』, 日本語文学会, 2011年.
채수도, 「大東亞共榮圈의 실천단계에 관한 연구」, 『대한정치학회보』 제19권 3호, 대한정치학회, 2012년.
김경일, 「대동아공영론의 정책적 전개과정연구」, 『선주논총(15)』, 금오공과대학교 선주문화연구소, 2012년.
채수도, 「대동아공영권 구상과 지정학적 사고」, 『일본문화연구(48)』, 동아시아일본학회, 2013년.
김원수, 「핼퍼드 J. 맥킨더와 영국외교정책의 지정학」, 『사회과교육』 제53권 1호, 한국사회과교육연구학회, 2014년.
이진일, 「'생존공간'(Lebensraum)과 '大東亜共栄圏' 담론의 상호전이-칼 하우스호퍼의 지정학적일본관을 중심으로」, 『독일연구』 제29권 29호, 한국독일사학회, 2015년.
채수도, 「전전(戦前) 일본 지정학의 성립과 전개」, 『대구사학』 제39집, 대구사학회, 2020년.

3. 영어 문헌

Yukiko Koshiro(2004), "Eurasian Eclipse: Japan's End Game in World War II", *The American Historical Review*, Vol. 109, No. 2, the American Historical Association.